조경숙 수필집

그녀의 삶과 사유는 위에 열거한 가치에 따라
원칙적으로 영위되기에 이 수필집은 카타르시스뿐만 아니라
독자에게 훈훈한 향기를 안겨준다

낭만, 너는 자유다

에세이문예

낭만, 너는 자유다

작가의 말

수필집을 내며

　창공은 맑고 찹니다. 가슴을 활짝 펴고 심호흡을 합니다. 어차피 출판을 결심했으니 당차게 나가리라. 모아놓고 보니 말하고자 하는 글들이 완전하다고 할 수 없지만 쓰는 순간만은 진솔하였다고 자부할 수 있습니다. 고통과 희열을 같이했기에 세상에 나온 것은 모두 대견하고 소중한 게 아닐까요.
　이 시대의 진정한 사치 놀이는 글쓰기가 아닌가 합니다. 세상 무엇이든 상대할 수 있으니 이미 범상치 않음이라, 가장 힘겹게 얻고 가장 쾌감을 얻을 수 있는 것, 진정한 글은 애타게 쫓고 이성으로 사유해야 가슴에 안을 수 있지 않을까요. 생의 밝음과 어둠 속에서 나 또한 한껏 사치를 부리고자 합니다.
　매달 집으로 배달되는 두서너 권의 책은 거의 모르는 작가들의 저서입니다. 안면이 없는 이들의 책을 받아 들고 처음에는 알아가는 재미가 솔솔하였지요. 허나 입맛에 맞는 책이 드무니 낭비라는 생각, 배부른 책장이 탈날까 겁도 났습니다. 나도 마찬가지일 터, 간혹 지적당하는 나의 색깔이 있습니다. 끝 갈 데 없이 뻗어 가는 생각을 시적인 표현으로 달음질치는 경우입니다. 그것은 나의 개성이고 나의 한계가 아닐는지요.

  명색이 수필가인데 어찌해야 할지. 너나 할 것 없이 자기 피알시대이기에 슬쩍 묻어갈까나. 아니면 온전히 독자로 남을까 살짝 고민도 해봤습니다. 같은 시절에 등단한 이들이 하나둘 출판하니 우려와 부러움이 시소를 탑니다. 나의 글이 어느 정도 모아지고 좋은 평판은 인사치레인 줄 알면서도 별수 없이 욕심이 고개를 듭니다. 체면 불고하고 용기를 내보자고. 받아 온 책에 대한 보답으로, 갚아야 할 채무가 있지 않느냐고. 그럴 듯한 변명이 아닐는지요.

  이런 과정 모두에 채찍과 격려로 도와주신 권대근 교수님과 조영갑 교수님, 그리고 항상 첫 번째 독자가 되어 친근하게 쓴소리 해주는 벗, J와 매주 합평에 도움 주신 에세이님께 고마움을 전하고 싶습니다. 이 책은 나를 홀로 두고 떠난 용감한 남편에게 애증을 담아 바치고자 합니다.

2024년 1월 새벽에
조 경 숙

차례

작가의 말 · 4
서평 | 호네트의 인정투쟁, 밝음과 어둠의 미학
　　　　　／ 권대근(평론가, 대신대학원대학교 교수) · 199

1부

우주와 조우하다

보리밥집 · 13
여의도 연가 · 17
우주와 조우하다 · 21
집개미 이야기 · 25
11월에 부치는 편지 · 29
가을을 핑계 삼아 · 34
내 동네는 · 38
나약한 인간이기에 · 42
해피엔딩을 향하여 · 46
한 생명이 끝난 후 · 51
순응 · 55

2부

낭만, 너는 자유다

기타 · 61
어린 날의 겨울 수채화 · 65
낭만, 너는 자유다 · 69
임종의 순간 · 74
입문의 도화선 · 78
골목길 · 82
떠나고자 하는 어머니에게 · 86
가지치기 · 90
고약한 생채기 · 94
24일간의 코호트격리 · 98

3부

백량금

백량금 · 105
2월에 · 109
누군가 보고 있다 · 113
철원 월정리역에서 · 117
한 여름날의 꿈 · 122
손수건 · 126
혼밥 · 129
초복 날 생긴 일 · 133
동전의 가치 · 137
우울한 날의 랩소디 · 141
생각의 틈 · 146

4부

변하고 있는 중

속아도 꿈결 · 153
선산에서 · 158
아테의 사람들 · 162
변하고 있는 중 · 167
브런치 콘서트 · 171
설움의 조건 · 175
감고당길 · 179
외모를 위하여 · 183
꿈꾸는 여생 · 188
라이터스 블럭 · 192

1부
우주와 조우하다

누군가의 마음을 얻고 싶으면

보리밥집

 여기쯤이지 않을까 했을 때, '웰빙 가정 한식'이라는 간판이 먼저 눈에 들어왔다. 골목 하늘을 뒤덮을 만한 크기의 간판이었다. 그 아래 벽과 벽 사이가 한 뼘 정도 붙어있는 허름한 집 앞에 발품 팔아 찾던 '○○보리밥'이라는 입간판이 길가에 놓여 있다. 누군가의 발길질에 당했는지 귀퉁이가 찌그러지고 비스듬하여 궁색하다.

 동네는 한국전쟁 이후에 미군 부대를 끼고 생활을 하던 곳이고 재개발을 하염없이 기다리는 중이다. 보리밥집은 주민센터의 프로그램에서 만난 전직 중등교사의 소개로 알게 된 곳이다. 집밥같이 부담 없는 맛깔스러운 반찬과 가성비가 좋다고 소개한 것이 주효했다고나 할까. 교양 있어 보이고 조용한 여자가 추천한 곳이니 골목집이라도 제대로 갖춘 집이겠지 싶었다. 설마 하는 마음과 스멀거리는 불안은 비껴가지 않았다. 벼르고 찾던 식당은 녹슨 양철지붕으로 처마가 내려앉아 키가 큰 사람은 고개를 숙여야 들어갈 수 있는 곳이었다. 먹는 장소는 정결하고 우아해야 한다는 나의 신조와 너무나 대조적이었다.

발을 디밀고 빼도 박도 못하고 엉거주춤 잠시 망설였다. 뒤에서 따라 들어오는 남편에 밀려 실내로 들어와 주인의 얼굴을 살폈다. 눈이 마주치면 빈말이라도 '어서 오세요' 하는 것이 적어도 음식점의 인사이거늘 주인아주머니는 주방으로 피하듯 들어가 버렸다. 남편은 비어 있는 테이블 의자에 엉덩이를 디밀며 돌아서 가버릴 것 같은 마누라가 신경 쓰이는 듯 "꽁보리밥 말고 갈치조림 먹자." 하며 히죽 웃는다. 이건 뭐지? 춥지 않은 날씨에 터틀넥 옷을 입은 것 같은 답답함은? 어린 종업원이 가져다준 찬물을 들이켜도 음식을 기다리는 동안 불안증은 가시지 않았다.

갈치조림을 시키며 가래떡이 있으면 조림에 넣어 달라고, 물론 돈을 지불하겠다고 종업원에게 머뭇거리며 주문했다. 잠시 후 주인에게 물어보았는지 난처한 얼굴로 그렇게는 안 된다고 한다. 갈치조림의 얕은 냄비가 블루스타에 올려졌다. 빨간 국물이 넘칠 듯 아슬하게 곡예를 하며 입맛을 자극한다. 밑바닥에 깔려 말강해진 무의 짭조름함과 적당히 단단한 두부, 연둣빛 큼직한 호박은 내가 좋아하는 스타일이다. 갈치의 속살은 첫새벽 장독대에 쌓인 눈만큼이나 눈부시다. 여섯 가지 반찬을 골고루 맛본 남편은 "제법인데." 하며 '엄지 척' 한다. 머리를 맞대고 만족한 맛에 몰입하고 있을 때, 주인이 떡을 들고 서비스라고 하며 "냄비에 넣을까요?" 하고 묻는다. 그녀는 돌아서다 말고 퉁명스럽게 "요양원 원장이시죠."한다.

 카드로 계산하며 조심스럽게 나를 어찌 알고 있냐고 물었다. 5년 전 남편이 뇌경색으로 쓰러져 요양원에 모시고자 하였지만 여자 어르신만 받는다고 거절당했다고 한다. "얼마 못 살고 저세상으로 갔지만…." 건조한 목소리였다. 잠시 멍해졌다. 내내 떠나지 않던 불안증이 이거였구나. 그녀의 눈을 보지 못하고 입에서 뱅뱅 돌던 어쭙잖은 해명을 끝내 밀어 삼켰다. "다음에 또 와도 되죠?" 무슨 구걸 같은 요구인지. 식당이고 서비스업이지 않은가. 과한 친절도 부담스럽지만, 주객이 전도되어 손님이 공손히 청하다니. 침울했고 만회하고 싶었다.

 그 후 몇 번의 방문은 있었지만 특별한 대화는 없었다. 달라진 것이 있다면 매상을 올려주기 위하여 매번 소주 한 병을 시켜 남편과 한 잔씩 먹고 남은 술은 집으로 가지고 갔다. 다행히 아주머니의 손맛이 알려져 형편이 나아졌는지 붙어있는 옆집까지 확장하여 식당은 넓어졌다. 내려앉은 처마의 차양을 높게 올려 매장도 밝고 깨끗해졌다. 그즈음이었다. 아주머니의 웃음이 들리기도 하고 주문하지 않은 떡을 서비스로 냄비에 넣어 주기도 하며 소주는 시키지 않아도 된다고…. 담담하지만 따뜻한 말투였다.

 누군가의 마음을 얻는 법, 잘못을 사과하는 법, 오해를 해명하는 법은 이런 것이구나. 때로는 급하지 않게 시간을 두고 천천히, 조그만 손실에 연연하지 말고 기꺼이 져주는 것, 억지 부리지 말고 자연스러움에 맡기는 것이다. 요즈음 갈치조림이 먹고파도 코로나로 인해

외식을 자제하고 있다. "오셨어요."라는 간단한 인사를 듣기까지 시간이 걸렸지만, 이것만은 알 수 있다. 집밥 같은 자그마한 식당에 가고 싶을 때, 이 집이 제일 먼저 생각날 거라는 것을.

성숙으로 가는 길목의 아름다운 삽화

여의도 연가

여의도에 시선을 둔다. 이십 대 초, 그곳에서 나는 풋풋한 웃음과 설렘을 가지고 테니스와 자전거를 즐기며 막 돋아나는 바람꽃 같은 연정을 시작하였다. 많은 고층 건물이 건축 붐으로 하늘을 향해 자라고 있었지만 탁 트인 허허벌판이 아직 많이 남아있고 강물은 반짝이며 흐르고 있었다.

시력이 급격히 떨어지고 뿌옇게 안개가 낀 듯 답답하다. 가까운 병원에 다녀도 진전이 없다. 모교인 여의도 성모병원에 가보기로 했다. 인천에서 살기에 서울 어딘가에 약속 장소가 있으면 대개는 한 시간 이상 걸리는 것이 태반이다. 서울로 갈 때마다 한강을 지날 때면 눈은 여의도를 찾는다. 울고 웃는 삶의 고갯길 중 하나, 물이랑처럼 너울거리는 갈대를 보며 한때 청춘이 어설프게 익어가던 곳이기 때문이리라. 쌉쌀하고 달큰한 맛을 풍기는 장면이 오래된 영화처럼 퇴색

되어 강물 따라 흐른다.

대학 졸업 후 명동 성모병원에 다닐 때였다. 한때 생활의 보탬이 되고자 엄마는 하숙을 생각해 내었다. 집은 아현동이었고 몇 안 되는 한강 다리 중 마포대교가 멀지 않은 곳에 있어 여의도는 지척이었다. 여의도 회사에 입사하게 된 K가 찾아 들었다. 사우디 지사로 가기 전에 기거할 곳이 필요하다며 방 하나를 부탁한 것이 계기가 되었다. K는 혼자가 아니었다. 친구를 데리고 와 같이 있겠다고 하니 건장한 청년들로 집은 활기가 넘쳤다. 군필한 젊은이가 중동으로 가는 것이 유행처럼 번지던 때였다. K와 친구는 중·고등학교를 마산에서 다녔고 대구에서 대학을 마쳤기에 서울 지리를 모르는 새내기였다. 나 또한 간호사 신입으로 파릇한 사회 초년생이었다.

쉬는 날, 서울 길 안내라는 명목으로 남산과 명동으로 합동 데이트를 즐겼다. 그들은 보답으로 여의도 회사 근처에서 밥을 사기도 하고 포장마차에서 함께 맥주를 즐기기도 하였다. 삼 개월 만에 두 사람은 모두 사우디로 떠났다. 출국 며칠 전 K는 안개꽃 꽃다발을 슬며시 주며 돌아오면 계속 하숙하게 해달라고 손을 비비며 멋쩍어하였다. 꽃을 모두가 볼 수 있는 거실에 꽂고 아무런 내색 없이 평소처럼 헤어졌다.

일 년이 지나고 K는 본사로 돌아왔다. 엄마에게 인사차 찾아왔다는 것이 만남의 시작이 되었다. 나는 K의 여의도 회사에 마련된 테니스장에서 그의 동료들과 같이 테니스를 쳤고 여의도 강변에서 자전거를 배우며 두 계절이 지나도록 만남을 즐겼다. 내 앞에서 슬며시 사투리를 쓰며 환하게 웃는 모습은 천진한 소년 같았다. 깔깔거리며 사투리를 흉내 내면 "가시나야, 그람 내가 죽지."하며 따라 웃는다. 강변의 들꽃이 바람 따라 흔들리는 것을 보고 탄성을 지를 만큼 감성도 한껏 부풀어 가고 있었다. 내가 남긴 국수를 서슴없이 먹는 것을 보고 묘한 저항감이 생겼을 때까지는 그랬다. 그동안 입술을 훔치듯 살짝 키스한 남자가 부담되어 어쩔 수 없이 결혼을 결심해야겠다는 친구가 있었다. 추운 날 어깨에 팔을 둘러 포근히 감싸 준 것이 느낌이 좋아 그것을 이유로 결혼한다던 선배도 있었기에 국수 사건은 문제의 이슈가 되었다.

만남의 의미에 골몰해질 때 K가 건넨 한마디가 이별의 그림자를 불러들였다. 엄마의 사시가 유전 아니냐는 무심한 듯 던진 말 때문이었다. 질문은 자존심을 무너지게 했고 이것이 연애인가 하는 확신이 없던 때에 놓아버리고 싶은 짐이 되었다. 결혼을 전제로 만나는 것도 아니고 떡 줄 사람은 생각도 없는데 내가 아닌 엄마를 문제 삼다니. 더욱 드러내고 싶지 않은 아픔이 아닌가. 용서가 힘들었다. 근무하는 내내 헛손질로 직장 선배에게 주의 들으며 며칠을 헤매었다. 싸늘해지는 마음에 서러움이 겹치는 것은 무엇 때문인지. 끝없이 내려앉는 자존심에 그동안의 즐거움은 물먹은 종이처럼 바닥으로 가라앉았다. 나는 이제야 시작을 생각하는데…. 엄마는 새댁 때 눈을 다쳐 그렇게 되었다고 들었지만, 변명을 삼키고 그가 생각하는 대로 내버려 두기로 했다. 아마 나는 선을 그어야 할 무엇인가를 찾고 있었는지도 모른다. 제풀에 넘어가겠지. 유아적인 계산법이 아니겠는가. K는 다른 사람을 통하여 사실을 알게 되었지만, 나는 이미 그와의 선을 선명하게 그은 후였다.

가을이 끝나가는 때였다. 한 달 가까이 지난 다음의 만남이었다. 낙엽이 땅에 수북이 쌓인 것을 발로 걷어차며 말없이 걸었다. 강변 옆 높게 자란 갈대숲을 헤치며 "우리 지금 영화 찍어요?" 쏘아대니 K는 피식 웃었다. 사우디로 다시 떠난다고 강을 바라보며 말하는 뒷모습이 갈대에 파묻힌다. 자원이라고 했다. 한사코 마다했건만 그는 집까지 바래다주고 나서 돌아서는 것을 주저하였다. 악수를 청했다. 그는 잠시 머뭇거리다가 손을 아프도록 꽉 쥐며 어린아이 말 배우듯 따박따박 힘을 주어 말했다. "한 번 봐주면 안돼?" 여운은 겨울이 다 가도록 곱씹게 하였다. '내가 뭐라고' 진실 밑바닥으로 내려가 보지 않으면 모르는 자신의 양면성, 한참 동안 나는 쓸쓸함을 견뎌야 했다.

진료를 마치고 걷는다. 안과 검사를 위하여 투여한 안약 때문에 시야가 선명하지 않다. 상관없다. 여의도는 맘모스 도시가 되어 낭만은 어디에도 없으니까. 그 시절 우윳빛은 둘의 기억에만 존재한다. 내가 그랬듯이 그도 이별은 성숙으로 이어졌을 터, 여의도 언저리에 맴돌게 되면 봐주지 않은 나를 용서와 그리움으로 추억하기를 욕심부려 본다.

큰 산도 만남의 기쁨을 소리로 나타내는구나

우주와 조우하다

 사람이 아닌 것에 위로받고 싶을 때가 있다. 자연은 생각하는 대로 따라주는 너그러움이 있어서일까. 험난한 미시령 옛길, 추억을 담아 찾아가면 산에서 무던히 부는 바람이 뒷짐 진 할배처럼 다가온다. 그는 억눌러 왔던 삶의 빗장을 열어주는 마중물 같은 것 아니겠는가.
 오래 걷기 힘든 남편에게 글을 쓰고자 하는 여행이라고 핑계를 그럴싸하게 붙였다. 그는 맛있는 것을 많이 대령하라며 승용차로 가는 것에 쾌히 동참하였다. 서울을 벗어날 무렵, 마음 내키는 대로 쉬거나 달릴 수 있는 국도와 지방도로로 가자고 남편과 합의하였다. 남양주와 홍천을 지날 때까지 다른 차에 떠밀려 그들의 속도에 맞추어 달렸다. 인제에 가까워지면서 사람은 물론 차도 드문드문이다. 졸고 있던 남편도 잠이 들어 조용해지고 도로는 온전히 나의 차지다. 규정 속도보다 느리게 엑셀을 밟는다. 우람한 몸체를 자랑할 만한 설악산

줄기 아니던가. 오고 가는 풍경이 나를 반기는지, 저만치 구름 밑 산이 햇빛에 간간이 안기며 조심스럽게 다가온다. 인천을 출발로 4시간 반 지나 미시령으로 가는 길목, 원통에 닿았다.

이십여 년 전, 대도시를 벗어나고 싶어 하는 남편을 따라 정착한 곳이 원통이었다. 나는 도시 사람이기에 자연과 시골스러움에 목말라 하고 있었는지도 모른다. 사택으로 내어준 조그마한 아파트가 기꺼이 용서되었으니 말이다. 도착하기 전 20여 평쯤이라는 소리에 작아서 어떻게 사느냐고 투정하런 것이 베란다 앞에 있는 산을 보고 '아, 산이 집으로 쳐들어오네.' 하며 환호하였다. 그날 밤 몸을 쓸어주는 선선한 바람과 무언가 끊임없이 보채며 칭얼대는 소리에 잠이 깨었다. 창밖에 숨죽이며 가까이 다가와 있는 것은 커다란 산이었다. 그림자로 검게 드리워진 산과 산에 기대서있는 나무와 그들 사이로 잠시 머무는 바람이 만나는 소리는 감정의 환희처럼 들리지 않는가. '이렇게 큰 산도 조우의 기쁨을 소리로 나타내는구나.' 나는 시를 짓듯 읊조렸다. 원통의 5개월간의 짧은 생활은 미시령과 울산바위 만나는 즐거움으로 소비되었다.

원통을 통과하며 막다른 두 갈래 길에서 오른쪽은 한계령, 왼쪽으로 길을 잡았다. 속초로 넘어가는 미시령이다. 고개는 눈치 보고 아첨하며 서서히 친해져야 하는, 고약한 곡예를 요구하는 꼬부랑 옛길이다. 나타났다 사라지는 길을 따라 돌고 돌며 올라간다. 귀가 먹먹해지고 가슴을 쓸어내리게 하는 찬바람이 소리 높여 우는구나. 대륙과 해안의 기후적인 차이로 생겨 골을 거쳐서 산을 넘으려고 모아진 바람, 곡풍이다. 우주와 만남은 이렇구나, 사방이 탁 트여 숨길 수 없는 미시령 최고봉의 거센 바람은 가슴을 통과하며 어지간한 속앓이를 씻어준다. 때로는 산속에 숨어 통곡하기도 하고 대놓고 꾸짖으며 화내기도 하지 않는가. 겸손하고 양보하며 착하게만 살려고 애쓰지 말라고 경고한다. 힘들면 쉬겠다 하고 못마땅한 일이 있으면 참지 말고 화내고 양심과 싸우는 죄책감을 훌훌 벗어던지라고 질타하듯 바람이 부는 것이리니. 속이 뻥 뚫린다.

맑은 날씨에도 태풍 같은 바람을 느낄 수 있는 곳, 동해와 속초 시가지가 구름 사이로 장난감처럼 내려다보이는 꼭대기, 세상이 발밑에 있다. 미시령 터널이 개통되고 옛길을 이용하는 사람도 뜸하다. 지자체라는 행정을 시작하고부터 지역적인 차이는 있지만, 경치가 빼어나면 산간벽지까지 성한 곳 없이 관광지로 개발하는 요즈음이다. 어느 한군데 사람이 흔들지 않는 곳이 없다고 해도 과언이 아니지 싶다. 도로, 마을, 그리고 심성마저 해마다 변하고 있지 않은가. 미시령의 정수리는 사람들의 시선에서 벗어나고 세상사 따위에서 멀어져 조금씩 잊히는 곳이리라. 사람이 온통 휘젓는 자연 속에서 쇠락한 분위기를 연출하는 이곳이 나이 든 여행자에게 정이 가고 안심되는 것은 당연하지 않겠는가.

정상의 세찬 바람은 몸을 떠밀고 서둘러 떠나도록 보챈다. 차체도 흔드는 바람 속에서 브레이크를 수시로 밟으며 속초를 향해 질금거리며 내려간다. 5분쯤 지나 숲과 숲 사이로 조금씩 통명스럽게 불거져 나오는 우람한 바위는 나타났다 사라지며 숨바꼭질한다. 소나무

숲의 향기가 가슴을 두드리며 자맥질이다. 드디어 미시령의 보물, 바람이 우는 울산바위이다. 산 중턱의 커다란 나무 밑에서 눈부신 햇빛을 피하며 올려다본다. 바위는 회색 그림자를 안고 반갑다고 손을 젓는다. 바위 모습이 울타리처럼 펼쳐져 보인다고 했던가. 나는 산이 손바닥을 펴고 인사하는 것 같아 그 손 위에 작은 내 손을 얹어본다. 우주와 인간이 손을 겹치고 조우遭遇할 수 있는 순간이 얼마나 될까. 바람은 잦아들고 마음은 온순하게 가라앉으리니.

나이가 상당히 든 후에 추억하는 여행은 그리워하던 사람을 만나듯 서정적이다. 젊었을 때의 여행은 호기심으로 극적 연출을 꿈꾸지만, 장년의 여행은 평화와 안식, 그리고 추억을 즐기는 것이리라. 미시령은 예나 지금이나 자연의 신비에 놀란 아이처럼 매번 가슴을 뛰게 한다. 감히 맞설 수 없는 우주의 힘을 느낄 수 있는 바위와 옛사람의 씻김굿처럼 부정을 맑게 해주는 바람 때문이지 않을까.

생명에 대한 치열한 애정이 있어야...

집개미 이야기

    거실에 있는 관음죽과 산세베리아 화분 사이로 깨알만 한 놈이 미끄러지듯 달리는 것이 보였다. 까만 집개미였다. 어디서 왔지? 여왕개미가 숨어 있으면 숫자가 늘어날 텐데. 한 마리가 어쩌다 묻어온 것으로 생각하고 두고 보기로 하였다.

    며느리가 초등학교 들어가기 전인 손자를 맡기고 외출하였다. 귀엽고 사랑스럽지만, 먹거리가 까다로워 식탁에서 비위를 맞추어야 하니 혼자 돌보는 것은 버거웠다. 그날도 좋아하는 놀이를 모두 해치우고 무료해질 때 점심 준비를 핑계로 잠시 주방에 있었다. 너무 조용하면 무엇인가 일을 저지르고 있는 것이기에 수시로 검열해야 한다. 손자가 숨죽여 무엇인가 보고 있다. 주목하고 있는 거실 귀퉁이에는 미미한 개미가 주위를 탐색하듯 여기저기 다니고 있었다. 까딱거리는 머리와 잘록한 허리로 이어진 몸통은 작으나 눈길을 끌만 했다.

손자가 가만히 개미를 건드렸다. 잽싼 걸음을 멈추고 사방을 경계하는 것이 자못 진지하다. 덩달아 아이도 심각하게 예의 주시한다. 흡사 냉정한 대치 상태다. 사람들이 생명을 주저 없이 초라하게 만드는 요즈음이다. 호기심이 약한 생명을 다치게 하지 않을까 염려되어 조바심이 났다. "너무 세게 만지면 바스러져 죽는다. 조심해." 주춤하던 손자는 시선을 고정한 채 소리쳤다. "할머니 밥 줘요." 식탁 위에 차려진 밥을 가리키니 "아니, 나 말고 개미 밥 좀 줘요." 당연하게 공존을 택하는 선한 마음이 아니겠는가. 입꼬리가 저절로 올라간다.
　손자는 개미를 화분에 올려놓기도 하고 가는 길을 막기도 하였다. 그들은 서로 경계하고 아부하며 시간 가는 줄 모르고 노는 듯 보였다. 아무리 좋아하는 장난감이라도 어느 정도 갖고 놀면 던져 버리고 다른 것을 찾았다. 자그마한 자연(개미와 화분)에 싫증 내지 않고 즐기는 것을 보니 살아 숨 쉬는 생명의 무한한 가능성이 새삼스러웠다. 손자는 숟가락을 들고 쫓아다녀야 끝나는 점심도 스스로 뚝딱 먹어 치우고 개미와 함께 놀았다. 자세히 살피니 숫자가 늘어나 있었다. 그쯤은 버겁지 않았고 증가한 출현은 반갑기까지 했다. 개미 덕에 소파에 누워 책을 볼 수 있는 횡재한 하루였다.
　쌀쌀한 날씨지만 개미의 숫자가 점점 늘어나 서둘러 화분을 베란다로 이사시켰다. 개미들은 베란다를 점령하고 거실도 가끔 휘젓고 다녔다. 손자는 놀러 올 때마다 집 밖에 있어야 할 것이 안에 있다고 신기해했다. 급기야 개미가 붙은 화분을 자기 집으로 옮겨 가겠다고 슬그머니 의사를 밝혀 며느리를 난감하게 하였다. 비위생적, 비과학적인 것은 도외시하며 아이를 키우는 젊은 부모들을 알고 있는 터라 개미는 해결해야 할 숙제가 되었다. 베란다에서만 생활하고 집안을 탐하지 않는다면 손자가 올 때마다 같이 놀아주는 친구이니 설탕을 뿌려주며 공생하는 것도 좋으련만, 내치기로 했다.

  개미가 싫어하는 화초가 제라늄이라고 친구가 권했다. 일 석 이조로 사시사철 꽃을 피워준다고도 했다. 식물이든 동물이든 생명은 언제나 끝이 있기에 이별이 두려워 되도록 집에서 돌보는 것을 피해 왔다. 몇 그루 안 되는 식물은 대부분 선물 받은 것이었다. 인터넷을 검색하니 해충이 제라늄을 싫어한다는 기록도 있다. 꽃은 관상용이 아닌 해충 박멸용으로 한 식구가 되었다. 제라늄이 개미 다니는 길목에 버틴 지 꽤 오래 지났건만 효력이 없지 싶다. 화초는 잎을 번성시키고 꽃을 피우며 박멸의 본분을 다하려 애쓰는 것처럼 보이지만, 개미는 가족 수를 늘리고 꽃을 무시하며 희희낙락 지나다녔다. 점점 왕성해져 가는 녀석들이 슬그머니 밉고 화나고 급기야 무섭기까지 했다.

  모순이었다. 살아 숨 쉬는 것은 아름답다고 했던 내가, 생명의 끝을 지켜워했던 내가, 그들을 죽이려고 골머리를 앓고 있었다. 인터넷을 검색하고 물어보며 구입한 것이 화학무기였다. 개미가 좋아하는 냄새로 지옥 터널을 갖추고 치명적인 독으로 만들어진 돔 모양의 플라스틱 용기였다. 무리 지어 사는 그들이기에 개미가 터널을 거쳐 집에 돌아가 여왕개미를 포함하여 모두와 독을 나눠 먹으면 함께 죽게 된다지 않는가. 어쨌거나 생명을 죽인다는 것은 꺼림칙하였지만 지구에 사는 생물 가운데 가장 수가 많은 곤충이니 이쯤이야 하고 합리화하였다.
　베란다의 문을 숨어 지내듯 이틀 동안 굳게 닫았다. 완벽한 퇴치였다. 죽음의 돔은 변함없이 그 자리에 있는데 왕성했던 많은 생명은 저항 한번 못하고 사라졌다. 터전 싸움을 미룰인 개미와 한 꼴이라니, 인간과 같이 사는 동·식물의 삶은 정말 위태롭구나. 살아있음을 상징하는 화초의 초록 잎은 그들을 거름 삼아 빛나 보여 얄밉기까지 하다. 우울한 승리였다. 급기야 그날 한나절은 거실을 바삐 다니던 개미의 빈자리로 사물이 정지된 화면 같아 적막하기까지 하였다.
　한순간 화분 속 어딘가에 숨어 지내다 활짝 핀 꽃들 사이로 숨바꼭질하듯 살금 거리는 개미를 상상해 보는 이율배반적인 마음은 또 무엇인지. 한낱 개미 몇 마리 죽인 것 때문에 호들갑이냐 하겠지만 '세상에 존재하는 생명에 대한 치열한 애정이 있어야 글을 쓸 수 있다'는 어느 작가의 말이 가슴을 두드리니 어쩌랴.

조그만 바람에도 맥락 없이 하르르 무너집니다

11월에 부치는 편지

 햇살은 양명하고 창공은 샘물처럼 차고 맑습니다. 십일월은 꼭꼭 집어 외워야 할 시처럼 깊은 감성을 담아 찾아드네요. 사유의 달, 진정한 생의 귀소歸巢는 자연이라고 애초에 알고 있었으니 본능이라고 해야 할까요. 생뚱맞다고 하겠지만 외지에서 만나 이끌린 친구 순이, 그대와 함께였던 십일월을 불러 세웁니다.
 탁구장에서 랠리를 하다 밖을 내다봅니다. "눈 오네. 올해 첫눈이야." 소리쳐도 누구도 대답이 없어 서운함에 라켓을 놓고 잠시 밖으로 나섭니다. 아직 충분히 춥지 않아서인가요. 내리는 눈은 땅에 닿기도 전에 몸을 사리고 바람 타고 사라집니다. 몇 잎 남아있는 나뭇잎은 첫눈의 안녕이라는 인사가 만남인지 헤어짐인지 헷갈리나 봅니다. 주춤주춤 낙엽을 유보하네요. 내리는 눈을 셀 수도 있겠다 싶어 하나 둘 짚어보다가 문득 그대 얼굴이 떠올랐어요.

그래요. 그대라면 전화했을 거예요. 첫눈 내린다고, 벚꽃이 피기 시작한다고, 단풍이 든다고, 그대 사는 동네에 작약이 폈다고, 전화하여 우리를 모아놓고 예쁜 한복을 차려입고 차를 우려냈으니깐요. 기억 속에 늘 안동댐 고택에 모여 분청사기에 차를 담아 조용조용 이야기를 나누었네요. 그해 십일월 항상 예의 바른 그대를 닮고파 전통차 모임에 따라나섰지요. 돌아오는 길, 첫눈이건만 눈이 쌓여 질금거렸습니다. 녹차만 잔뜩 마신 배가 불러 화장실이 급했습니다. 하얀 눈밭 위는 무량함과 무심함이 절정이었지요. 눈, 자연, 낭만 소용없었어요. 우리는 서로 눈짓을 교환하고 발목을 감싸는 눈밭을 뛰며 숲속으로 숨바꼭질하듯 몸을 숨겼습니다.

앞니가 뭉텅 나간 거인의 입안처럼 하얀 눈을 삼켜버린 오줌 자국을 보며 서로를 흉보듯 우리는 깔깔거렸지요. 정신 차리고 보니 안동 들판이 온통 하얀 가루 덮개가 앉았습니다. 몰려드는 감성을 쏟아내야 했기에 가까운 공원에 들었습니다. 석탑 위에는 방앗간에서 갓 찌어낸 백설기가 올려진 듯 보였습니다. 곤충의 더듬이처럼 가늘어진 나뭇가지는 목화솜이 된 눈의 무게를 버티기 버거워하며 부러지진 못하겠노라고 휘어져 타협하고 있었지요. 고집부리던 눈은 양보가 미덕인지라 은가루가 되어 온순하게 바람 따라 부유합니다. 우리는 천상의 여인처럼 신비로워집니다. 사진을 찍고파 그대는 남편에게 SOS를 청했습니다.

오후의 젖은 눈은 햇살에 깨진 거울 조각들처럼 세상을 빛냈습니다. 눈이 부시어 미간을 찌푸리며 가늘게 떠야 했지요. 그대 남편은 여기저기 셔터를 누르다 나에게 초점을 맞춥니다. 못 본 척, 아닌 척 하며 포즈를 자연스럽게 만들었지요. 렌즈를 조절하고 있는 손이 눈만큼 창백해 보여 안쓰러웠습니다. 끼고 있던 장갑을 벗어주었지요. 그는 잠시 나의 손을 응시하다가 자연스럽게 가라앉은 목소리로 "옷도 벗으면…." 했지요. 건조한 표정은 굳건하였습니다. 이토록 지고한 순수를 담아내려면 인간도 백치처럼 순결해야 하지 않겠느냐고 그대 남편은 말했지요. 화를 내야 하는데 그것이 아니었습니다.

자연이 순백으로 도배하니 나 또한 순수하고 싶어지는 것은 어디서부터 나오는 욕망인지요. 그대는 아무 말도 못 하고 멍해 있는 나를 보고 그대 남편을 향해 "별꼴이야. 병이 도졌네."하며 일축했습니다. 의심이 만만한 표정으로 아마추어 사진작가라 그러니 이해해 달라는 그대의 변명에 웃었습니다. 이제 고백하건데 그때 잠시 칭송받은 성녀처럼 땅에서 발이 떠오르는 느낌, 아직 순수할 수도 있지 않을까 하는 망령된 자신감이 섞여 있었다면 그대는 또 '별꼴이야'를 되뇌겠지요. 돌아오는 길, 시야가 뿌옇게 장막을 쳤지요. 백설기 떡판 같은 들의 하얀 눈은 공기 속으로 쌀뜨물처럼 넌지시 부연합니다. 그해 십일월, 청백한 밤은 교만스럽게 잠을 설치게 하였습니다.

그대와의 인연은 고작 삼 년이건만 인생의 한 축을 깊게 파놓은 세월이었습니다. 그대는 남고 나는 서울로 돌아와야 했지요. 그대는 어쨌는지 모르겠지만 나는 억울하게 쫓겨난 실향민처럼 그대와 안동을 그리워했으니깐요. 그럴 수밖에요. 타인의 결함을 책잡기보다 신기해하며 뒷담화를 차단하던 그대, 차를 우려 따를 때 조개처럼 입을 오므리며 정성들이는 모습이 눈에 선합니다. 십오 평 서민 아파트에서 시어머니 공경하고 두 남매를 기르며 남편의 청백을 겸손하게 내세운 대학교수의 사모님이었습니다. 올곧은 사람의 표상으로 그대 앞에서는 나도 저절로 바른생활을 하게 되었지요. 아이들을 휴학시키고 식구 모두 영국에서 일 년 살기를 실천했던 용기, 세속에 욕심이 많은 나로서는 닮지 못할 의지로 보였습니다.

몇 년 후, 병에 시달려 급하게 노화하는 그대를 보았을 때 살려는 의지를 놓아버릴까 봐 겁이 났습니다. 집을 팔아 미국으로 가서라도 살릴 거라고 진지하게 말하는 남편에게 장난스럽게 답했지요. "별꼴이야. 병이 도졌네." 그리고 모두 함께 웃었습니다. 그때도 십일월, 사치스럽던 단풍도 절정 지나 하루가 다르게 물기를 잃고 퇴락하는 중이었지요. 조그만 바람에도 맥락 없이 하르르 무너집니다. 자궁암 선고 일 년 남짓 후의 일입니다. 오십을 겨우 넘긴 나이에 세상을 놓아버렸지요. 장례식이 끝나고 돌아오는 기차 안에서 그대를 향한 불이 모두 꺼졌다는 것이 치명적이었습니다. 내 삶도 언젠간 끝날 것이고 세상 어떤 것 어디에도 영원한 불변은 없다고 알게 되었지요.

계속해서 나이 먹어 아래로 아래로 내려가고 있는 희년稀年일지라도 존재하는 동안에는 순간이 모여 영원이 된다고 알고 있지요. 같이 지냈던 모든 시간, 그대를 잊지 못하고 글을 쓰고 있는 지금, 영원은 항상 곁에 있는 것이겠지요. 이토록 모순된 삶 속에서 애태우지 않고 노하지 않고 좌절하지 않고 살 수는 없을 터, 적당히 시린 달, 눈가를 여리게 적시는 십일월의 기억과 글에 대한 꿈이 남아있기에 오늘도 살아집니다. 이생의 불합리에 순수하게 순응할 수 있도록 응원해 주기를…. 그대 그립습니다.

소박한 즐거움이 모여 건강한 삶이 되리

가을을 핑계 삼아

　소소한 공기와 적당히 식혀진 흙의 냄새로 유혹하는 가을이다. 하늘이 높아지면 갇혀 지낸 여름을 보상받고 싶지 않은가. 다행히 봄부터 계획한 대학 동창의 하루 여행이 용문산 산행으로 이루어졌다.
　각 환승역을 거쳐 상봉역에서의 만남을 마지막으로 14명이 모두 모였다. 공짜 지하철, 경의 중앙선에 염치없이 앉아 두 시간 남짓 시종일관 깔깔거리고 추억을 소환한다. 돈독하지 않던 친구가 옆에 앉으니 생면부지인 듯 설레기도 한다. 서먹한 표정이 관록의 입담으로 친해지는 동안 용문역에 닿았다. 노년의 문턱에 있는 여인들의 눈이 이래도 되나. 눈빛이 아이처럼 반짝인다. 친구들과 오랜만의 교외 나들이는 평소보다 기운이 넘쳐 보이지 않는가. 목소리가 높아지고 행동도 신이나 약간은 과장 된다.
　용문역에서 버스로 십여 분, 황금빛으로 바뀐 은행잎에 환호하며 목적지 용문산에 발을 들였다. 골짜기를 타고 오는 바람은 단정한 여인네의 옷고름 풀 듯 설레게 하고 비밀스러운 몸의 잔털을 살그머니 건드린다. 친구들 모습에 잔잔한 변화가 엿보인다. 얼마 전까지 느긋하게 보이던 이마에 내려앉은 무채색 느낌이 단풍에 곱게 물들어 양볼이 홍조로 발그레해졌다. 잔가지에 매달리듯 위태로워 보이던 우수도 가을바람에 실려 보내 한층 밝아지지 않았는가. 아쉽게도 산 입구의 감촉은 도시와 다를 바가 없다. 흙을 밟고자 찾은 산이건만 블록과 아스팔트가 자연의 갈구를 허락하지 않는다. 어디를 가든 문명에서 벗어나기 어려운 물리적 테러이다. 그래도 오랜만에 함께하는 여유로움으로 동창들의 얼굴은 미소가 가득하다.

용문사 경내에 들어서니 천년을 살아온 은행 향기가 마중 나온다. 용문사의 수문장, 역사도 비껴간 은행나무가 장승처럼 서 있다. 나무는 신라의 마지막 경순왕의 아들인 마의태자가 나라를 잃은 설움으로 세상이 버거워 금강산으로 가는 길에 심었다는 설화가 있다. 한恨으로 남겨진 나무라서인가. 살아오는 동안 사찰은 두 차례의 화재로 소멸하였건만 나무는 하늘을 덮을 듯 풍성한 노란 잎으로 오롯이 살아 있다. 훤칠한 키는 높이 솟구쳐 허공을 압도하여 혼과 기를 풀어내고 있지 않은가. 신비스러움이 못마땅하여 일본군이 도끼로 베려고 하니 천둥과 번개가 그들을 막았다고 한다. 스쳐 간 도끼 자국이 그들의 만행을 증명하듯 둔중한 혹으로 남아있다.

내 나이 지금 칠십을 바라본다. 스무 번을 곱해야 나무의 나이와 같다. 천년을 살면 인생 잠깐이라는 개념이 길다고 느껴지려나. 오십

대가 될 때까지 이후의 내 인생에 대해 상상해 보질 않았다. 육십이 넘어서야 삶과 그 끝을 마지못해 생각해 본다. 자신이 좋아하는 일, 자신이 되고자 하는 소망을 다 이루고 사는 사람은 드물지 않은가. 대부분 무엇을 잘할 수 있는지 우물쭈물 여러 가지 일을 겪으면서 조금씩 알아가지 싶다. 주저앉을 수 없는 것이 생의 여정이다. 그러니 내딛는 걸음을 망설이거나 두려워하지 말아야겠지. 아직 할 수 있다는 생각으로 잘할 수 있는 것을 끈기 있게 쫓아야 하지 않을까. 은행나무가 세월에 물러서지 않고 자랑스러운 오늘을 만들 듯, 어제 것을 뼈대 삼아 후회를 줄이는 내일을 꿈꿔봐야겠다.

구름이 조금씩 하늘을 가리기 시작했다. 오후 일기예보에 비 내릴 확률을 알려주었다. 아쉽지만 서둘러 내려가야겠다. 둘레 길을 선택하여 꼬리 잇기라도 하듯 줄을 맞추며 낙엽과 흙에 묻힌 나무 사잇길로 접어든다. 낯설게 다가온 숲속 향기가 옷자락 사이사이 스며든다. 낙엽을 태우면서 갓 볶아낸 커피 향 같다는 어느 작가의 말을 인용하며 한껏 들떠본다. 좁혀있던 어깨를 반듯하게 펴고 횡경막을 힘껏 들어 올려 심호흡한다. 청량한 공기는 심장의 리듬에 맞추어 손끝과 발끝까지 도달하지 싶다. 나약해진 체력이 세월을 거슬러 올라가 말끔해지는 느낌이다. 옆 친구는 걸음마다 바스락거리며 달라붙는 낙엽을 강아지 쫓아오듯 한다며 깔깔 웃는다. 숲의 여유를 닮아서인가. 끊임없이 들락거리는 삶의 조급증에서 벗어나 잊었던 캠퍼스송도 저절로 흥얼거려지고 뜨악했던 동창과의 시선도 따뜻해진다.

친구들과 더불어 자주 도시를 벗어나야겠다. 똑똑하고 다부지게 살기가 버거워진 나이지만 세월을 보내야 얻어지는 연륜들이 모이니 생의 용기가 한껏 부푼다. 과거로 파묻히는 매 순간들이 서러우니 짬을 내어 고운 빛깔을 선물하는 가을로 위로받자는 산행은 성공이었다. 소박한 즐거움과 웃음이 모이면 건강한 삶이겠지. 돌아가는 길, 구름 속에 가려졌던 해가 반갑게 얼굴을 내민다.

모든 수난은 절대적 필요에 의한 것

내 동네는

  고향도 아닌, 생면부지 인천시 부평구에서 불만 없이 살아가기까지 위태로운 세월은 풍화와 침식을 견디고서야 재생의 몫을 허락했다.
  경제적인 고난, 가지고 있던 물질적인 재산이 하루아침에 사라질 수도 있다는 것을 1997년 겨울, 그때 알았다. 몰락은 태풍같이 오래전에 멀리서부터 우리를 따라온 듯했다. 잘 다니던 직장을 쉬고 여행을 다니자고 하는 남편과 기다렸다는 듯이 유유자적 해외여행을 다녔다. 아직 해외여행은 사치로 알던 때였다. 강남과 분당에 있는 집을 처분하여 고향인 천안에 건물을 짓고 편안한 임대업으로 여생을 보내자고 했던 것. 친정에 모두 일임하고 여행에서 돌아오니 IMF 경제위기가 쳐들어와 모든 것을 삼켜버린 후였다.
  쫓기듯 장년의 문턱에서 서울을 등지고 인천으로 생활이 바뀔 때

세상에 화가 나 있었다. 풍족했던 과거는 자주 불시에 나타나 현실을 조롱했다. 모두가 적대적으로 느껴지고 그늘져 보이니 좀처럼 마음의 여유를 가질 수 없었다, 사람들에게 위축되었고 이유 없이 피곤했다. 유머는 사라지고 너그러움과 미소를 잃어가고 있었다. 친정에서 저질러진 일이라 죄의식에 빠져 삶에 대한 회의가 길어지는데 남편은 달라진 것이 없었다. 나와는 달리 일상으로 복귀하여 직장을 다니는 그의 마음을 이해하기에 내 그릇이 너무 작았을까. 적반하장이지 천연스레 생활을 이어가고 있는 그가 고맙다가도 얄미웠다.

내가 잃은 것은 돈이 아니고 자존감이라고, 과거와 미래에 매달리지 말고 현재에 살라고 나를 달래던 그가 다시 여행을 가자고 했다. 허락하지 않으니 "마음이 따라주지 않으면 심장이 없다고 여기고 그냥 무심하게 살아봐." 하며 혼자 여행을 떠났다. 거리낌 없이 마음 가는 대로 여행을 떠나는 그가 부러웠고 심장이 없는 사람으로 살라는 말에 자존심이 상해 주저앉아 있을 수만은 없었다. 그저 억울했고 심장을 살려내야 했고 무엇인가를 해내야 했다. 전업주부였던 내가 할 수 있는 일은 결혼 전 아쉽게 놓아버린 간호 일이었다. 처음부터 다시 시작하는 마음으로 되기까지 짧지 않은 시간이 걸렸지만, 재생과 희망으로 택한 요양원, 어르신을 돌보며 얻은 경제적 안정은 부평에 정을 붙이는 계기가 되었고 돌봄에 대한 보람으로 마음은 건강하게 다져졌다.

요양원과 가깝고 친한 벗이 사는 곳이기에 부평구 ○○아파트로 옮겨 앉은 지 십 년이 넘었다. 초고층 아파트를 고집하는 요즈음 십오 층이면 멀미나는 높이도 아니다. 아침에 눈을 뜨면 제일 먼저 눈에 들어오는 것이 있다. 창가에 기대있는 목련 나무다. 탐스러운 꽃으로 과시하던 봄이 지나 여름이 되니 곁가지는 주저 없이 마음대로 뻗어 작은 창을 두드릴 만큼 장대해졌다. 아파트 삼 층까지 올라온 나뭇잎은 아침 인사로 바람과 합세하여 살랑거리기도, 태양과 결탁하여 반짝이기도 한다. 산에서 내려온 새들이 들락거리기도 하는 내 집, 내 동네는 이렇게 우거진 아름드리나무들과 야트막한 함봉산과 함께 세월을 건너고 있다.

새 아파트를 마다하고 30년 가까이 노후된 아파트를 택한 것은 경제적 여건에 맞춤이었지만 길게 늘어선 우거진 나무들과 함봉산이 지척에 있는 까닭도 있다. 도시에서 마음만 먹으면 도보로 5분 만에 산속 우거진 숲으로 들어갈 수 있는 곳이 그리 흔한가. 아침이면 십 대의 아이들과 함께 새가 조잘거리는 곳. 함봉산 가는 길에 부평서중학교와 부광고등학교가 마주하고 있어 등하교 시간에는 청춘이 물밀 듯 오가는 십 대의 거리가 된다. 튼튼한 아름드리나무들과 성성한 청춘들이 모여 있는 학교, 높지 않아 다정하게 느껴지는 산의 조화로 이루어진 곳이다. 동네는 과도한 개발을 용납하지도, 유난스러운 건물이 있지 않은 것이 조촐한 모습이다. 시내 중심에서 벗어나지 않아 생활이 편리하고 우거진 나무와 가까운 산 덕분에 숨쉬기 편하다.

함봉산은 겸손하다. 규모가 크고 화려하면 사람들로 북적일 것이고 자연 훼손이 많을 터인데 아담하여 다행이다. 산길 경사 또한 급하지 않고 적당한 숲으로 둘레길은 여러 갈래로 이루어져 있다. 일상복을 입은 채 지나가다 들러도 될 만큼 '산을 탄다는 것보다 산을 둘러본다.'로 표현하면 맞춤이다. 조용한 걸음으로 인내하면 꿩이나 다람쥐 청솔모를 만날지 모른다. 조금 오르다 보면 흔치 않아 신기한 신갈나무 연리지가 높지 않은 곳에 있다. 두 나무가 한 줄기가 되어 수액을 나누고 서로 사랑하는 모습은 잠시 쉬며 미소 짓게 한다.

묵직한 삶의 무게로 어깨가 늘어지는 경우가 있다. 잘 쉬어야 하는데…. 동네는 매미 소리에 귀가 따갑다. '자연을 누리려면 이 정도는 감내 해야지.' 하며 창밖에서 매미가 엉덩이를 들썩이며 소리친다. 떼거리로 주장하니 잠시 피하고 싶다. 선선한 바람이 시작되는 오후, 심심한 표정으로 아파트 나무 사이를 오가다가 자연스럽게 슬쩍 산으로 빠지면 그만한 쉼이 없다. 몸이 가벼워지고 삶이 말랑해진다.

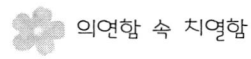 의연함 속 치열함

나약한 인간이기에

 마흔다섯 되던 해 초여름이었다. 한낮의 햇볕은 뜨거웠다. 정오가 지나 강아지들의 산책을 서둘러야 했다. 공원에서 경주하듯 강아지와 세 바퀴 뛰고 난 후 목덜미가 후끈하였다. 목으로 손을 가지고 가는 순간 왼쪽 가슴 언저리가 이상했다. 딱딱한 콩알만 한 차돌 하나가 박혀 있는 듯했다. 유방암이었다.
 1기에서 2기로 넘어가는 단계라 했다. 모교라는 배경과 학연과 지연이 동원되어 순서를 건너뛰고 3일 만에 수술대에 누웠다. 긴박한 흐름으로 모든 것이 공정화에서 벗어나 이루어졌다. 너도나도 암 환자만 있는 곳, 그래서 나 혼자만의 불행이 아니기에 현실감이 없는 곳, 암병동은 그런 곳이었다. 수술 다음이 문제였다. 병원 문이 닳도록 드나들던 지인들이 모두 제 할 일 끝났다는 듯이 돌아가고 집으로 돌아와 혼자 남아서야 온전히 병과 마주했다. 짝짝이 가슴을 안고 생뚱맞은 암 환자가 된 나는 낯설고 처연했다. 아, 생명이란 얼마나 가벼운 것인가. 죽을 수도 있고 죽고 나면 이 모두가 사라진다니. 숨 쉬는 아름다운 생명은 물론, 밖의 부드럽게 살랑이는 바람조차 느낄 수 없다니. 이 모두와 이별하고 나만 외따로 내몰릴 수도 있다니. 이것이 아닌데, 마음은 종잡을 수 없는 절벽 아래로 끝없이 내려가고 있었다.

신경외과 전문의인 남편은 묵묵히 주치의에게 모두를 맡기자고 하였다. 이 정도의 암은 별거 아니라는 듯 수술은 완벽했고 임파선은 모두 무사하니 심각하지 않다고 가볍게 가자고 그는 단순하게 말한다. 무슨 자신감인지 일상이 그대로다. 나는 의지 박약아가 되어 타인의 의견에 따라 막연하게 치료를 시작하였다. 방사선과 약물치료를 병행하면서 제천 집에서 서울강남성모병원까지 일주일에 두 번 고속버스로 통원 치료를 하였다. 그것이 투병의 시작이었다.

방사선 치료로 가슴 부위는 푸르게 죽어갔다. 마음이 초조해지는 것에 비례해 머리카락이 손가락 사이로 성큼하게 빠져나간다. 눈썹도 듬성듬성해지고 얼굴은 피를 몽땅 어디에다 뽑아 놓은 듯 하얗게 야위어갔다. 그래도 두 시간 반 동안 고속버스에서 밖을 내다보며 달릴 때면 속이 뒤집히던 항암제의 부작용이 조금씩 사그라지고 살아나는 기분이었다. 서울 친정을 마다하고 제천 집을 고집한 것은 의사인 남편에게 의지하고 싶은 마음도 있었지만 오가는 동안 혼자 세상을 원망하고 그리워할 수 있는 온전한 시간이 주어졌기 때문이었다.

방사선 치료가 끝나고 항암치료만 남았을 때 남편 병원에서 치료

하겠다고 주치의에게 양해를 구했다. 그러나 남편에게조차 치료 과정의 괴로워하는 모습을 보이기 싫어 나도 간호사였으니 집에서 혼자 스스로 주사하겠다고 우겼다. 병마와 직면하고 싸우는 일은 철저히 나만의 일이지 않은가. 앞으로 일어날 일이 아득하였지만, 응석이나 능청 부릴 여유나 감성은 사치일 뿐이지 싶었다. 혼자가 차라리 편하다. 삶과 죽음은 온전히 나 자신만이지 않은가. 타인의 견해보다는 나의 응집된 행동이 더 요구된다는 아집이 생겼다. 이 싸움에서 이기려면 수장은 나야만 한다는 생각에서다. 기도하는 마음으로 스스로 정맥주사를 놓았다. 수액이 한두 방울 떨어지면서 세상을 버리고 싶은 만큼 몸이 조각나고 끝없이 아래로 가라앉는다.

치료가 거듭될수록 항암제의 부작용으로 암세포가 죽기 전에 내가 살아 있을 것 같지 않다. 세상에 이렇게 싸워 살아남는다고 치자. 영혼까지 녹아버리는 것 같은 괴로움에서 벗어나면 무엇이 남을까. "가까운 미래에 이 치료가 아주 야만적인 치료라는 것이 밝혀질 거야. 건강한 세포까지 죽여 가며 싸우는 무식한 치료거든. 그래서 부작용으로 그런 증상이 오는거니 견뎌야 해." 그의 말이 급소가 되었다. 참고 억압되었던 감정이 모두 원망으로 집결하였다. 그것은 고스란히 나를 택한 하느님과 남편에게 불화살이 되어 날아갔다. 위로의 말인 것을 알지만 치료를 거부하는 계기로 만들었다. 날카로워져 있는 모습이 안타까워 "모든 상황을 의연하게 받아들여야 편할거야."라는 그의 말을 비수로 만들어 트집 잡았다. 의연할 수 있을 정도로 문제가 놀놀하지 않다. 이것은 죽고 사는 문제다. 사람이 어찌 죽음 앞에서 그리 쉽게 의연할 수 있단 말인가. 나는 우왕좌왕을 반복하였다. 그런 하루하루가 지옥이고 비참이고 치사했다. 살아 있다는 것이 오늘은 없고 불안한 내일만 발목에서 맴돌았다.

당장 지구 밖으로 도망치고 싶었다. 나는 가지고 온 약을 모두 세면대에 쏟아부었다. 남편과 자신에게 선언하였다. 야만적인 치료라면 그만두고 암을 무시하고 내 생활을 찾아보아야 하지 않겠느냐고. 어차피 죽음을 피할 수 없는 것이라면 오늘 하루만이라도 편하게 내 마음대로 먹고 떠들고 돌아다니고 찐득한 생활에서 벗어나리라고 하였다. 언제든 간에 생이 끝날 때까지 그렇게 보내면 내 인생 전부가 성공이 아니겠느냐고 우기고 고집 피웠다. 모든 생활을 병 들기 전보다 더 즐기고자 의식적으로 명랑하게 환경을 바꾸었다. 강아지와 다정하게 산책하였다. 서울에 있는 친구들과 자주 만나고 책상에 앉아 천연스럽게 책을 즐겼다. 작은 일에도 소리 내어 웃었다. 이것이 내가 살아 있는 이유이고, 최선의 삶이라고 생각했다. 주위 사람들은 환해진 모습을 보고 치료가 끝난 줄 알고 축하해 주었다. 그리고 5년이 흐르고 20여 년이 지났다.

요즘도 가슴이 천길 물속으로 가라앉는 때가 가끔 있다. 아직 끝나지 않았다고 하느님이 다시 실험대에 올려놓는 것은 아닌지. 치료 내려놓은 것을 하느님께 우기며 저항하는 것으로 오해하시는 것은 아닌지. 나는 나약한 인간인지라 힘겨운 싸움을 그만두고 자연스러운 순리의 흐름에 온전히 맡겨 환경에 동화하고자 한 것뿐인데.

❀ 삶의 질은 양보와 타협으로

해피엔딩을 향하여

 반려견 '바니'를 17년 함께 살고 저세상으로 보낼 때 일이다. 5개월 남짓 병마에 시달리는 녀석을 껴안고 목이 멘 적이 있지만, 세상 떠나보낼 때는 안타까움을 줄이고 잘 가라고 인사하며 준비된 자세로 보냈다.
 사람과 별반 다를 것 없는 반려견의 노환은 손 쓰기가 버거웠다. 열여섯 살 무렵 얼굴에 혹이 생겨 병마에 시달려야 했다. 검사 후 수술 권유를 외면한 이유는 사람 나이로 치면 구십 살이 넘는데 고령에 얼마나 버틸 수 있을지, 비용만큼 효과가 있을지 의심스러웠기 때문이다. 얼굴의 눈과 코 사이에 새끼손톱만 한 혹이 생기더니 조금씩 커져 급기야 코 한쪽을 덮었다. 눈이 찌그러지고 콧물이 줄줄 나 잘생긴 얼굴이 망가져 갔다. 수술한다면 머리를 건드려야 했다. 사람도 뇌를 건드리는 것은 망설이는데 주먹보다 작은 얼굴 어디에 손댈 데가 있다고, 그대로 살다 죽는 것이 낫지 싶었다. 녀석은 통증이나 가려움을 느낄 때 앞발로 얼굴을 문지르다가 자신 집으로 들어가 비비곤 하였다.

수의사가 고기는 절대 주지 말라고, 더욱 기름기는 삼가라고 하였다. 육식을 좋아하는 종種이 아닌가. 고통스러워할 때 주는 위로제는 잘게 부순 닭가슴살과 진통제다. 고기만 보면 기뻐 팔짝팔짝 뛰고 앞발로 나를 탁탁 건드리며 더 주면 좋겠다고 의사 표시한다. 맛있게 먹은 뒤에는 아픈 증상에서 벗어난 듯 만족해 보였다. 어떨 때는 고기 먹자고 연극 하는 것이 아닌가 하고 의심도 해보지만 먹고 죽은 귀신은 때깔도 곱다는데 상관없었다. 노후에 야박하지 않게 즐거운 것에 치중하고 살다 가면 성공하는 생이지 않겠는가.

동네 병원에서 안락사를 권유한 지 일주일도 지나지 않아서다. 녀석은 죽음에서 다시 살아났다. 그날 몸을 가누지 못하고 떨며 숨을 몰아쉬고 있었다. 나는 가슴을 쓸어주며 기운차리라고 울며 소리쳤다. 그저 살아만 달라고. 기적이었는지, 의지였는지 경련이 잦아들고 찌그러진 눈을 떴다. 머리를 떨구고 늘어졌지만 살아 있었다. 부르짖음에 답을 하듯 소생한 것이다.

그 후 삼일 남짓 쉴 새 없이 나오는 코의 이물질을 닦아주며 후회하였다. 녀석을 앞에 놓고 쩔쩔매며 하루하루가 지옥이었다, 고기를 주어도 보기만 할 뿐 물먹기도 힘들어했다. 살아만 달라고 애원하여 회생시켜 놓고 이틀 만에 그대로 보낼 걸 무슨 짓을 한 것인지 후회하며 안락사를 고려하였다. 불행 중 다행일까. 판단이 거기까지 미칠 때 녀석은 저세상으로 순조롭게 떠났다.

　나는 남편이 애달파하는 것을 막고 속 태우지 말고 보내주자고 하였다. 서러워하는 우리 모습에 녀석이 편히 갈 수 없지 않을까. 녀석을 무릎에 올려놓고 사는 동안 행복했다고, 잘 가라고 말하며 가슴을 쓸어주었다. 심장이 멎고 온전한 죽음을 아는 순간 눈물이 나왔지만 편히 갈 수 있게 해주었다는 안도가 있어 참을만하였다. 영원한 이별에 대한 회한이 없지 않았지만 어쩌랴. 미련 없는 이별을 생각해 온 노력은 편히 갈 수 있도록 이루어졌다고. 행복한 죽음이라고 자위하며 받아들일 수밖에 없지 않은가.

　아들 집에 9살 되는 포메라니안 반려견 '황구'가 있다. 나이 들면서 입 냄새가 장난이 아니다. 구취를 치료하고자 병원을 찾았다. 냄새는 내과적 문제가 있을 수 있으니 검사가 필요하다고 하여 종합 검사를 하였다. 개가 평생을 살면서 이 정도의 지출은 고려해야지 하며 자그마치 삼십만 원을 들여 온몸을 훑었다. 결과는 그런대로 큰 병 없이 건강을 유지하고 있다고 한다. 입 냄새는 단순하게 입술에 바르는 약으로 해결되었다. 다만 사람 먹는 음식이 생명을 단축하니 오래 살기 원한다면 간식은 절대 주지 말라고 한다. 생명에게 내려진 행복 중 먹는 재미가 으뜸 아닌가. 양을 대폭 줄인 상태에서 죽을 때까지 사료만 먹어야 한단다. 당뇨병처럼 특별한 병이 있어 금기해야 하는 것도 아니고 가끔 사람이 외식하듯 즐기는 것뿐인데…. "어쩌다 한번은 눈감아 주자. 짧고 굵게 살도록 하는 것이 어떻겠니."라고 슬쩍 귀띔했지만, 아들 가족은 그럴 수 없다고 한다. 가족이 고기 먹을 때

한두 점 주던 것을 일절 끊으니 녀석은 자신의 집에서 머리를 박고 나오지 않는다. 시위가 먹히지 않자 이빨을 드러내며 올려다보고 짖기까지 한다. 평생을 김빠진 맥주같이 살라고 하니 얼마나 맥빠지는 일인가. 사람이라면 '에라 이 몰인정한 인간들아.' 하며 서러움에 가출하지 않을까 싶다.

요양원에서의 일이다. 어르신은 대부분 고혈압 당뇨 기관지 질환 등 만성질환을 갖고 있다. 살날이 오리무중인 상태에서 외출, 외식 한번 제대로 할 수 없는 환경이니 하루 세 끼 맛있게 먹는 것은 신앙 같은 간절함이다. 음식은 맛이 있어야 먹는 즐거움을 주며 제구실한다. 맛의 원천은 간이다. 너무 싱겁거나 짜면 제아무리 진수성찬이라도 두 번 젓가락 가기가 망설여진다. 어르신들의 간은 점점 세지고 입맛은 까다로워져 있다. 그래도 원칙대로 해야 하기에 찬은 최소한 소금과 설탕을 제한하고 있다. 싱겁고 달지 않게 먹어야 한다는 의사 지시를 따르다 보면 어르신은 점점 입맛을 잃고 급기야 고혈압 당뇨가 아니라 영양실조로 명을 단축하게 된다. 먹는 즐거움만이 으뜸인 상태에서 충족되지 않은 스트레스로 알량하게 남은 삶의 질이 바닥을 치는 꼴이 아닌가. 식사 시간에 나의 멘트는 항상 같다. "맛이 없으면 말씀하시고 방법을 알려주시면 그대로 해 올릴게요." 대부분 간장이나 설탕을 원하신다. 굽신굽신 따라주면 고쳐진 음식이 그리 큰 변화가 없어도 만족스러워하신다. 행복이 별거냐. 지금 여기에서 만족을 위하여 최선을 다하면 흡족한 순간이 모여 행복이 되는 것을.

애장한 사물, 어떤 생명, 사람마저도 놓아야 하는 때가 있다. 그것이 정해진 길이라면 이왕이면 다홍치마, 후회를 줄이며 조금씩 양보하고 타협하여 삶의 질을 높이는 것이 어떨지. 반려견, 황구도 그리 되길 바라며 나 자신에게 다짐한다. 무엇이든 떠나보낼 때 억지스러운 드라마를 닮더라도 해피엔딩으로 몰고 가리라. 죽음일지라도.

삶과 죽음, 그어진 경계선이 너무 선명하여

한 생명이 끝난 후

　이별은 과거에 있다. 죽은 이와 현재를 공유할 수 없지 않은가. 세상을 떠난 이와 미래에 대한 꿈을 꿀 수 없기에 남아있는 자의 서글픔은 더욱 진하다.
　요양원에서 승용차로 15분 거리, 인천 가족공원을 지나 키 큰 가로수를 따라 500m 들어간다. 사람도 차도 드문 곳, 인천시립 장사시설 부평 평화소라는 간판이 나타난다. 차가운 콘크리트로 지어진 납골당이다. 아파트식으로 짜인 인위적 공간이다. 처음 왔던 기억을 더듬어 많은 유골함을 지나간다. 나란히 진열된 5~6리터의 항아리가 죽은 후의 집이다. 영혼들도 서로 오고 가며 외롭지 않게 지내려나. 살아있는 잣대로 위안해 본다.
　이름을 읽어 가는 순간 '쿵' 하고 가슴이 내려앉는다. '조경숙' 내 이름자의 단지 앞에서 우두망찰 섰다. 1977년생 동명인의 유골함 옆에 사진이 있다. 더 이상 존재하지 않는 얼굴이 활짝 웃고 있다. 이름만 같을 뿐인데 내 죽음이 거기에 있지 않은가. 죽음에 초연해지자는 평소 생각이 헛것이었고 자기 최면이었다. 삶과 죽음이 일직선상이라고, 건너가는 것은 순간이니 순응해보자고 일축했었다. 부처도 돌아앉을 건방진 생각이 아니겠는가. 눈 깜짝할 사이라도 죽음에 들어서면 영원히 되돌릴 수 없이 철저히 혼자인 것, 어느 사이 손을 맞잡고 읍소하는 자신에 실소한다.

사무원의 도움으로 찾은 '장○○' 앞에는 인식표인 듯 2-1404#라는 숫자가 이름보다 먼저 보였다. 미소를 머금은 독사진과 활짝 웃는 가족사진이 밝지 않은 조명 아래 그늘져 있다. 익숙한 얼굴과 단지의 이름이 일치한다. 그녀는 유골함 속에 정물화 되어 있고 항아리를 담은 유리에 비친 나는 세상에 있다. 다가갈 수 없는 기류가 흐른다. 우리 사이에 그어진 경계선이 너무나 선명하다.

살면서 우리는 너무하지 않나 하는 공허함을 몇 번 경험했을 터, 그녀의 죽음이 그랬다. 햇빛이 환히 들어오는 집에서 사랑하는 가족이 있었건만 아무런 도움도 받지 못하고 갑자기 한순간에 무너졌다. 요양원에서 간호사로 일할 때 그녀는 응급상황을 누구보다도 적극적으로 대처하여 두 분의 어르신을 구했다. 그녀도 누군가의 도움이 있었다면 무참하게 가지는 않았을 텐데. 얼떨결에 삶의 길을 떠날 때 어떤 심정이었을까. 대부분 망자는 살고자 노력하다 실패하여 원치 않는 길로 떠밀려 간다. 65세 장년의 나이에 살려는 시도도 해보지 못한 그녀, 어리둥절한 표정으로 삶과 죽음 사이 어디쯤에서 헤매고 있는 것은 아닌지, 십여 년 전 그녀는 만월산 귀퉁이의 공동묘지인 봉분을 바라보며 요양원에 출근했다. 스산한 묘지 자리에 현대 건축물이 들어서고 화장장과 납골당으로 변했을 즈음 쉬고 싶다며 퇴사하였다. 그리고 2년쯤 지나 운명이 달라졌다.

지상에 존재하는 그녀의 자취는 나에게 선물로 준 머플러, 까만 숄 더백, 남색 인조견 블라우스, 그리고 머리에 남아있는 기억이다. 대학 1년 선배며 같은 시대의 의료인으로 공감 할 수 있던 사람. 어려운 일이 있을 때 스스럼없이 얘기하고 긴 변명에도 고개 끄떡이며 들어주던 이. 허튼 생각을 하는 나에게 마음 다치지 않게 넌지시 알려주고 느닷없이 찾아와 반가움을 안겨주던 선배. 뜬금없이 비싸지 않은 선물을 사다주며 환하게 웃게 하는 여인. 소소한 즐거움으로 곁에 머물러준 시간이 화상 입은 듯 아리다.

그저 선배였기에 잊고 살아도 되지 않느냐 하겠지만 그녀와의 시간은 사랑이었고 친구 같은 멘토였다. 문제에 대해 의논하면 구체적인 지적은 하지 않고 가벼운 농담과 위트로 흥분한 분위기에서 벗어나도록 배려하였다. 해박한 지식이나 기술이 있는 것은 아니었다. 문제의 중심에서 멀리 떨어져 바라보라고, 시간을 두고 보편적인 사고에서 벗어나지 않으면 답을 찾게 된다고 하였다. 요즈음 요양원 운영이 힘들고 고달픈 사건이 터질 때면 그녀가 곁에 없음이 뚜렷해진다.

넓은 세상사에 한 점 아름다운 흔적을 남겨준 선배가 고맙고 그립다. 한 생명이 끝난 후 그녀와의 만남 속에 남겨진 의미를 찾아본다. 요양원 어르신을 모시며 그들의 인생의 끝에 존재하는 나는 어찌해야 하나 화두였다. 노인들에게 가장 두려운 것은 '혼자 죽는 것'이라고 한다. 죽음은 막을 수 없지만 혼자라는 느낌은 감소시킬 수 있지 않을까. 그녀의 목소리가 들리는 듯하다. "혼자라는 외로움에서 벗어날 수 있도록 그들의 처지 속에 들어가 당신이 찾는다면 언제나 따뜻한 손으로 맞잡을 거라고 알려 주어라."라고.

납골당을 벗어나 돌아가는 길, 하늘은 검은 구름에 가려지고 빗줄기는 머리카락같이 가늘다. 비 뒤에 맑음은 따를 터, 오늘같이 짙은 음영이 드리우는 날 간 사람이 남겨준 애달픈 마음을 모아 다시 찾으리니. 허무 속에 차분한 평화가 깃든다.

❀ 대접해다오. 순화할 것이다

순응

　노년에 들어서며 바라는 것이 무엇이냐고 묻는다면 순한 노인이 되는 것이다. 어떤 일을 겪어도 받아들이게 해달라고 기도한다. 세월에 비례해 조금씩 순해지다가 촛불처럼 꺼지듯 사라지는 것. 빛나는 노년이 아니더라도 소란스럽지 않고 인생의 그윽함을 지키며 운명에 순응할 줄 아는 노인이 되고 싶다.
　자두가 나오는 철이다. 보기만 해도 침이 입안 가득 고이는 신 과일은 호불호의 불호지만 이틀이 멀다고 내리는 비의 끈적함을 상쇄해 주는 맛으로는 호다.
　비가 잠시 멎었을 때 과일 가게를 찾았다. 실하고 싸면 사야지 하는 어줍은 얼굴을 주인장이 눈치챘는가 보다. "어르신 낱개로는 안 팔아요. 상자떼기입니다." 한다. '내가 어딜 봐서 어르신이야. 마스크로 반을 가린 얼굴을 어찌 알아보고.' 불만에 발을 돌린다. 미처 깨닫지 못하고 나만 모르는 내 모습을 그만 인정해야 하는 나이인데 남이 깨우쳐 주면 울화부터 앞선다. 세월 따라 몸이 여위어도 마음은 끝까지 청춘이라는 옛말이 틀리지 않아서 문제다. 접은 우산 꼭지를 쿡쿡 바닥에 꽂는다.

여름이 익어가고 있다. 저녁이 되자 후덥지근한 날씨를 나무라듯 비는 다시 회초리가 되어 사선을 그으며 땅을 때린다. 거짓말처럼 시간은 가고 아무것도 하지 못한 채 창가에 잠시 섰다. 육신처럼 마음의 살도 빠져 세상사의 시시비비를 생략하며 살면 좋겠지만 세월로 얻어진 경험이라고 우기며 매사에 더듬이를 세우며 따지려 드는 경우가 있다. 연륜도 도가 지나치면 주책이지 않은가. 한숨 소망 사랑 애원 그리움 그리고 매일 떠나는 세월에 대한 대응과 순화, 의미가 심상찮은 말들이 이렇게 비 내리는 여름밤에 깊숙하게 오니 가슴으로 안을 수밖에. 외로움과 동거해야 하는 서러운 날, 올여름에 들어서며 노년에 갇혔다.

건너편 건물이 빗물에 형체를 드러낸다. 바람과 사투 중인 요양원 현수막이 춤추듯 너울대다가 조금씩 찢어지고 있다. 그림에는 휠체어에 앉아 세상을 너그럽게 바라보는 노부부가 있다. 그분들의 현존 모습이 공중에서 아슬한 곡예를 하는 듯 보인다. 나무들도 출렁이며 몸살을 앓는다. 서로 한 방향을 가리키며 내닫는 줄기가 흡사 사람들의 끝없는 갈망 같다. 소원을 들어 달라고 애처롭게 사정하며 간절히 바라는 애원이 저만 할까. 순응을 모르는가. 어쩔 수 없이 가해자가 된 바람도 안타까운지 소리 내며 울고 있다. 차라리 확 찢어져 내려앉으면 체면이라도 설 텐데, 버팀이 심하니 역정이 난다.

   요양원에서 일하다 보면 순하게 나이 들어가는 일이 얼마나 귀한 일인지 알 수 있다. 욕심, 고집, 수선스러움 없이 자신의 처지를 받아들이며 세월이 갈수록 까다롭지 않은 분이 있다. 7년 전 치매로 요양원에 입소하신 분이다. 당시에 80세이건만 근력이 떨어져 걷기 힘들어 엉덩이로 밀고 다니셨다. 낮 동안 조용히 계시다가 어스름해지면 슬그머니 침상에서 내려와 여기저기 몸을 이끌고 다니셨다. 그가 찾는 것은 신발이었다. 나가고자 하는 행동은 아니었다. 신발을 주면 신고 어루만지며 안심하는 눈치였다. 주무셔야 한다고 신발을 벗겨 옆에 놓으면 몇 번 우기다가 시뜻한 얼굴로 침상에 눕는다.

   어느 날 아들이 찾아오고 면회가 끝나 돌아간 이후 그 행동이 멎었다. 몇 년 긴 출장으로 아들 식구 모두 일본으로 가게 되었다는 것을 알아들으신 모양이다. 애써 찾던 신발에 대한 집착을 떨구고 죽은 듯이 누워 눈을 감고 드리는 밥만 거르지 않고 드셨다. '대접해다오. 순화할 것이다. 지금 나는 아직 죽지 않은 사람이 아니라 이미 오래 살아온 사람일 뿐, 고난과 부딪치며 여기까지 온 것이고 그 가치는 귀한 것이다.' 무언의 절규는 그런 것이 아닐까. 침상에서 내려오는 근력은 그나마 일 년을 버티지 못했다. 이후 누워서 지내는 동안 사람을 만지고자 하는 행동으로 바뀌었다. 수발하는 이의 손길이 닿으면 팔을 끌어가 귀한 보석 만지듯 쓰다듬는다. '늙음을 어쩌겠니. 누구 탓을 하랴. 받아들이마. 익숙해질 때까지 옹색하게 몰아치지만 말아다오.' 눈자위에 머문 간절한 소원으로 하루가 또 흐른다.

비에 젖은 일몰은 짧고 주위는 깜깜해졌다, 내려앉은 현수막이 어둠 속에서 펄럭거린다. 토닥임과 격려를 보낸다. 받아들임은 편안함에 일보 다가가는 것이리니. 애원의 답이 아닐는지.

2부

낭만, 너는 자유다

❀ 여유로움을 한 단계 더

기타

강원도 정선 깊은 골짜기에서 기타를 만났다.

중학 2학년 봄 방학이었다. 오빠의 친구 시골집으로 대학생들이 몰려가는 곳에 떼를 써 동행하였다. 산과 들 그리고 강 같은 냇물이 있는 곳, 서울내기 사춘기의 여물지 않은 막무가내 감성을 충족시키기에 만족스러운 곳이었다. 대학생들이 기타와 함께 노래 부르며 산속 계곡에서 캠프화이어로 밤을 지새우는 모습에 넋을 놓았다. 장작에 튀는 듯한 불은 넓은 냇물과 어우러져 자작이고 기타 소리는 불에 반사된 투명한 숲에 녹아들었다. 분별없이 따라나선 자그마한 소녀의 감수성을 한층 더 자라게 하기에 충분한 광경이었다. 나의 젊음도 반드시 자연과 음악이 있어야겠다고, 나는 실력이 별로였던 오빠를 졸라 다리 꼬며 기타를 안고 줄을 튕겨 멋 부려보았다.

7080의 대학 시절 청바지와 통기타는 청춘의 상징이었다. 너나 할 것 없이 데미안 책을 옆에 끼고 음악다방을 전전하며 멜로디를 즐기던 시절이다. 유행은 개성이 없다고 백안시하던 나는 주제넘은 태도로 대학 초년생의 전유물이었던 미팅도 무시하며 일 년을 보냈다. 기타와의 재회는 대학 2학년, 문학동아리에 들락거리던 무렵이었다. 동인 선배가 우악스럽고 핏줄이 도드라진 손으로 기타 줄을 튕기며 봉선화를 연주하는 것을 듣고서이다. 독서회 때마다 좌중을 압도하는, 책에 대한 독설을 일삼던 남자가 목가적으로 연주하다니 화선지에 먹물이 번지듯 마음에 젖는 소리는 돌아서던 발길을 멈추게 하였다.
　잊고 살았던 강원도 정선 산속에 흐르던 계곡의 물을, 장작에 튀는 듯 어우러진 불을, 숲에 번지던 기타 소리를 생각나게 하였다. 그동안 적지 않게 들어온 음악 중에 다른 것을 마다하고 서정적인 봉선화에 꽂힌 것은 아마 강원도 두메산골 때문이었으리라. 그 후 그의 까칠한 성격이 개성으로 보이고 기타를 안고 지그시 감은 눈이 신비하기까지 하였다. 덕분에 음악 취미는 듣고 감상하는 쪽에서 직접 참여하여 연주하고 노래하는 쪽으로 급선회하였다.
　대학 생활에 용돈을 푼푼이 모아 미니 기타를 사고 선배들에게 물어 코드집을 만들며 독학의 길을 걸었다. 손가락 끝이 딱딱하게 굳어지고 얼굴의 여드름이 잦아들 무렵 방학 여행 때마다 기타는 청바지와 더불어 필수품이 되었다. 문명이 닿지 않을 것 같은 깊은 산속으로, 파란 하늘을 베개 삼은 검푸른 바닷가로 젊음을 핑계 대며 줄기차게 쏘다녔다. 낭만만이 대학 생활인 것처럼 친구들과 떼를 지어 돌아다닐 때 기타는 음악과 함께 꼭 필요한 낙관의 상징이었다. 정직한 자연 속에서 감미로운 분위기를 연출하고프면 기타의 오프닝은 봉선화였다.

대학 4학년 졸업을 앞둔 겨울, 태안반도 몽산포에서였다. 몰려다니던 친구들과 바닷가에서 모닥불을 피워놓고 기타를 치며 차가운 바람을 견디고 있을 때이다. 졸업식 전이건만 개학 며칠 앞두고 내정된 모교병원에 간호사 초년생으로 출근해야 했다. 서울로 돌아가 현실 사회에 발을 들여놓으면 낭만은 끝이라고 기대와 포기가 뒤섞여 감정의 현이 팽팽해졌다. 달빛 속에서 가라앉은 마음으로 기타에 맞춰 노래 부르며 삼 년 동안 모아 놓은 코드집을 용기 내어 한 장씩 뜯어내고 악보를 불에 박정하게 던져 태워버렸다. 바람 따라 일렁이는 불꽃은 소중히 여겼던 코드집과 함께 널뛰는 감성을 우둔하게 삼켰다. 한껏 오른 얄궂은 객기는 냉정한 현실로 접어드는 신고식이었다. 기꺼이 바친 제단은 삶의 한 획을 긋고 우리를 설익은 성인으로 한 단계 올려놓았다.

며칠 전 김포가도를 달리는 차 안에서 존 레논이 부르는 오우, 마이 러브Oh, My Love의 기타 선율에 빠져들었다. 음악을 타고 과거가 흐른다. 창 너머 길가의 꽃이 보이니 봉선화인 듯 대학 시절 기타가 오롯하게 떠올랐다. 사연을 담은 멜로디는 선망이나 원망을 담고 찾아오는 선물 같은 것이 아니겠는가.

골방에 죽치고 있는 기타를 구제하기로 했다. 사십여 년만이다. 봉선화를 어렴풋이 기억하며 기타를 뜯는다. Oh, My Love 코드를 유튜브에서 내려받아 기타의 현과 악보를 번갈아 보며 더듬는다. 손가락이 팽팽하게 긴장한다.

　홀로 있을 때 위안과 복종을 나눌 수 있는 것으로 무언가가 곁에 있다면 먹먹한 삶에 도움 되지 않을까. 얻고 헤어짐에 손쉬운 개체로 유한한 생명이 아니면 좋으리니.

　재능이 없더라도 춤이든 미술이든 음악이든 문학이든 반려伴侶할 수 있는 예술을 곁에 두어 쓸쓸함에서 비켜앉는 것이 어떨지. 사는 것이 싱겁고 지루할 때 음악을 찾으리니. 기타는 그런 것이다.

내게 오는 건 모두 축복이었다

어린 날의 겨울 수채화

  추억은 얼마간 아름답게 포장하는 것이 허락되나 보다. 거기에 힘입어 서로의 체온을 나누며 겨울을 지냈던 어린 시절을 한 폭의 그림으로 엮어보고 싶다.
  어린 시절에 함박눈이 온 후, 적당히 경사진 한낮의 동네 골목은 어김없이 썰매장이 되었다. 각자 솜씨껏 만들어 온 썰매로 줄을 서서 차례를 기다린다. 뒷골목 비탈에서 썰매 타기는 겨울 최고의 놀이였기에 누가 뭐래도 강추위가 반가웠다. 썰매가 없는 나는 세 살 터울의 오빠가 고장 난 자전거를 개조해 만든 썰매를 흥정과 응석으로 얻어 타곤 하였다. 빙판은 시간에 비례해 단단해져 간다. 어른들은 혀를 끌끌 차며 공포의 언덕을 쩔쩔매며 돌아갔다. 빙판 위에 그림자가 길어지고 해가 뉘엿뉘엿 넘어가도 차례를 기다리는 줄은 줄지 않는다. 깔깔대는 웃음소리는 어둑해져 가는 하늘로 높이 날아올라 가고 놀이는 절정을 향한다.

온통 흙과 물로 무거워진 바지가 흘러내려 연신 허리 위로 끌어올려야 하는 익살스러운 모습을 어찌 잊으랴. 아이들의 입에서 하얀 입김이 뿜어져 나온다. 불그레한 뺨과 송골거리는 이마의 땀을 실내에서만 생활하는 요즘 아이들이 상상이나 할 수 있을까. 속 빈 강정 같은 체력 저하의 지금 아이들을 비교해 무엇하겠는가. 물자가 풍족한 지금 그때의 우리보다 행복하다고 생각할 수 없는 것은 이 때문이지 싶다.

땅거미가 져도 아이들은 지칠 줄 모르건만 어머니는 아이를 찾아 나선다. 호명된 아이는 어머니의 손아귀에 잡혀 도살장에 끌려가는 소처럼 몸을 뒤로 젖히며 몸부림친다. 아쉽지만 어머니의 불호령과 사탕발림은 신명 나는 빙판 놀이를 내일로 미루게 만든다.

따스한 물을 담은 대야가 안방 윗목에 두 개 준비되어 있다. 육 남매를 단도리해야 하는 어머니의 목소리는 분주하게 온 집안을 떠다닌다. 젖어 더럽혀진 바지를 벗기며 야단치는 꾸중은 자장가처럼 포근하다. 눈꺼풀이 내려앉은 나에게 숙제만 끝내고 자라고 달래는 어머니의 목소리가 아득해질 때 씻김은 거세진다. 얼굴, 손, 발은 어머니의 야멸찬 손끝에서 뽀얀 살갗을 드러낸다. 두 번째 대야의 물로 얼굴을 헹구어 줄 때 스멀대던 잠은 달아난다. 옆에 쪼그리고 앉아 차례를 기다리며 졸고 있던 오빠는 갑작스러운 물세례에 도망가려 몸을 빼고 철썩하는 어머니의 손찌검에 도리질은 더 심해진다.

육 남매의 저녁 씻김이 끝나면 둥그런 저녁 밥상이 안방에 차려진다. 배급받은 꽁치를 신문지 위에 올려놓고 열심히 뼈를 발라내며 오물거린다. 곁상에서 저녁을 드시던 아버지는 흐뭇한 미소로 막내인 나에게 슬며시 발린 꽁치를 듬뿍 얹어 준다.

　달과 별이 하늘 높이 자리할 때 형제들은 아랫방에 몰려든다. 여기 저기 엎드리고 앉아서 서로 물어가며 숙제를 뚝딱 해치우고 밤놀이를 다시 시작한다. 장롱문을 활짝 열고 쌓여있는 이불을 비스듬히 내려 경사진 미끄럼틀을 만든다. 밖에서 못다 한 썰매 지치기가 이불 지치기로 놀이는 계속 이어진다. 꽃무늬 내복 입은 형제들, 줄지어 쿵쾅거리는 엉덩방아는 할머니의 불호령으로 밤이 이슥해야 끝이 난다.

　적산가옥의 밤 추위는 매서웠다. 연탄아궁이가 있는 아랫목 쪽으로 모든 형제가 발을 뻗고 눕는다. '하아~하' 허공에 대고 입김을 불어 본다. 입에서 나온 더운 김이 얼마나 진한가에 따라 추위의 강도를 가늠해 볼 수 있기 때문이리라. 언니의 옛날이야기 속 귀신은 매일 들어도 낯설고 짜릿하다. 동네 개구쟁이들의 패싸움이 있던 날, 항상 승자라고 우기는 오빠의 무용담은 잠자기 전 들어야 하는 고정 메뉴였다. 하품하는 아이가 줄지어 생기면 주위는 깊고 까만 고요에 묻힌다. 귀가 시려오니 누군가가 방귀 뀌지 않길 바라며 이불을 머리 끝까지 올려 덮는다. 윗목에 마련된 둥근 요강은 겨울에 없으면 안 되는 필수품이다. 자다가 쏴 하는 오줌 누는 소리가 들린다. 떨어지는 속도와 강약으로 오빠인지 언니인지 가늠할 수 있다.

　형제간의 끈끈한 우애가 때때로 영상처럼 깔린다. 넉넉지 않은 시절이건만 정분은 차고 넘친다. 며칠 전 겨울 방학에 잠시 다니러 온 손자의 손에 핸드폰이 들려있다. 한 시간의 오락을 허락받고 홀로 게임에 몰두하는 아이에게 추억으로 남을 어린 날의 겨울 정경은 너무나 빈약하다. 형제가 없어 외톨이인 아이가 혼자 할 수 있는 놀이가 무엇인지 환경의 빈약함이 안타깝다. 지금의 아이들은 스키장, 놀이기구, 스케이트장, 컴퓨터게임 등 틀에 박힌 문명의 혜택 없이는 대부분 즐길 수 없는 것이 아닌지. 어디서든 자연 속에서 단순한 놀이를 할 수 있었던 어제의 우리는 후손들에게 이렇게 손쉽고 아름다운 놀이 유산을 왜 넘겨주지 못하는지 아쉬워진다.

지나온 세월을 생각해 보면 '내게 오는 건 다 축복이었다'라는 어느 시인의 고백에 동감한다. 어린 시절의 풍경들은 서정적으로 남아있다. 지금 추운 겨울밤이 깊어 어릴 적 나누었던 예쁜 정경을 소환하고 있다. 작고 소박하고 풍요롭다. 정 많은 형제의 온기로 흑백 화면은 뽀얗게 살아나 겨울밤 수채화를 완성하고 있다. 이 마음을 놓치지 않는 한 어린 날 추억이 축복이 아니고 무엇이겠는가.

진솔한 감성으로 우주와 대화를 하노라면

낭만, 너는 자유다

장마가 후렴처럼 따라붙었다. 6월의 마지막 주, 한해가 반이 꺾이며 여름을 시작한다. 베란다 창에 둥글게 맺혀 눈물처럼 구르는 물방울이 아슬하게 곡예 중이다. '창밖은 오월인데 너는 미적분을 풀고 있다'는 피천득의 시구가 떠올라, 반反하며 비의 우울한 정서에 맞설 하루를 꿈꾼다.

'빗속의 여행은 어떨까'하고 인터넷을 뒤지다가 브런치콘서트로 낙착을 본다. 빗물이 온 세상을 덮칠 때 음악에 빠져 유영하는 것도 나쁘지 않으리라. 콘서트의 소제목은 '낭만, 너는 자유다'다. 언제는 자유가 아니었던가. 혼자 살기에 언제나 제 마음대로였으면서 '낭만' '자유'라는 말에 금지된 장난에 발을 들인 듯 들뜬 기대로 숨을 깊게 마신다. 비와 클래식 그리고 두 대의 피아노 협연, 이들의 조합은 미궁에 빠진 미적분에서 벗어나 기지개 켜는 몸짓이 아닐는지. 공연 후 커피와 케익을 준다니 이만한 대접이면 울음이 긴 아이도 달래줄 만한 유혹이 아니겠는가.

    부평 아트센터의 해누리극장, 평일인데도 관객은 소극장의 단골인 젊은 사람들로 넘친다. 시작을 알리는 짤막한 선율이 흐르고 천장 메인 등이 점점 흐려진다. 어둑해진 사위에 조촐히 앉은 사람들 사이로 자리를 찾는 불안한 몸짓의 어르신, 쌕을 맨 구부정한 할머니가 여직원의 안내에 따라 발걸음을 더듬거린다. 길을 밝혀주는 랜턴이 짧게 스친다. 반짝 드러난 체구는 어린아이 같고 은발만 도드라져 기이하다. 무대 조명이 황색에서 진보라로 바뀐다. 빛의 효과 때문인가. 맨 앞줄에 자리한 노인은 묘령의 여인처럼 변하여 뒤태가 신비롭다. 단원들이 들어오고 환호와 환영의 박수가 커진다. 뜻밖에 손위의 사람을 만난 안도와 반가움 때문이리라. 나는 어르신의 은색 머리를 바라보며 낭만, 자유를 한껏 덧씌워 손뼉을 키운다.

    질병과 외로움에 쌓여 청양고추를 씹은 듯한 알싸한 생의 후반기, 나이 든 이의 낭만이란 무엇일까. 젊음이 가버린 이의 정서란 어떤 것인지. 나 또한 그 물음에서 놓여날 수 없지 않은가. 이 나이쯤에는 쓸쓸함이 선행될 것이고 잘 지내려면 고독을 즐길 줄 알아야 한다는 생각이다. 즐긴다는 것은 놀이와 직결하지 않는가. 고급진 놀이, 소위 문화적 감수성을 가지고 즐기는 놀이가 낭만이지 싶다. 젊었을 때 문화적 감수성을 키웠는지. 일반적으로 그렇지 않을까. 청춘 때는 연극 영화 음악 미술 독서 등을 접하였지만 이마저도 결혼 출산과 함께 거의 끝나지 않았나 싶다. 그러니 노인이 되어서 찾는 낭만은 억지 않은 동치미처럼 어설프고 감질나는 느낌이겠지.

  유한한 인생, 내가 무엇을 하든 시간은 고지식하게 흘러간다. 더할 나위 없이 늙음과 낭만은 안타까운 사랑처럼 서로 부조화된 면이 있으리라. 세월의 무게를 내려놓고 젊은 정서를 조금만 끌어오자. 활화산 같은 열정은 모양새가 아니기에 모닥불을 염원하는 겸손한 자세로 군불 지피는 듯한 정성을 가져야겠지. 나이 든 이가 낭만을 갖고자 한다면 지나온 세속의 미련과 변變을 줄이고 용기 있게 마음 가는 대로 한발씩 다가서야 하지 않을까. 그러면 현실에 매이지 않는 감성, 정서적 분위기는 덩달아 꿈같이 산책처럼 오지 싶다.

  최백호 씨의 〈낭만에 대하여〉를 찬찬히 들어본 적이 있다.

  '첫사랑 그 소녀는/ 어디에서 나처럼 늙어갈까/ 가버린 세월이 서글퍼지는/ (중략) / 이제와 새삼 이 나이에/ 청춘의 미련이야 있겠냐만은'

  허영과 욕심, 타인의 눈에서 벗어나 자유롭게 살 수만 있다면 낭만이 별거냐. 거창하지 않게, 고지식하지 않게 자신의 감성에 정직하게 살면 매일 소풍 같은 삶으로 남은 날 대부분 낭만이 가득, 자유로울 수 있을 터다.

  지금 프레데릭 쇼팽의 왈츠 속에서 눈을 감고 가상假想에 젖는다. 조그만 창으로 바람이 불고 사철 꽃향기 드나든다. 시간은 천천히 음악과 함께 흐른다. 객원과 인사 나누고 미적분을 춤사위로 변화시켜 스텝을 밟는다. 바야흐로 피아노 건반에 넘나들던 연주자의 손이 멎고 무대의 조명이 바뀐다. 자유, 나는 눈을 뜬다.

옆좌석의 중년 여인 머리가 아래로 처진다. 두 대의 피아노 협연, 라흐마니노프의 마지막 곡 심포니 무곡이 흐를 때 조금 전부터 위아래로 졸던 고개를 아예 옆으로 떨구고 잠이 들었다. 그럴 수 있지. 그대에게 편안한 마음의 이웃, 심심하거나 외로울 때 기꺼이 찾아와 기대며 쉴 수 있는 것도 낭만, 자유라고 여인을 편든다. 낭만은 감성이 작동할 수 있는 가상이 가능해야 한다는 것이 나의 변이었다. 그러나 감흥이 일어나지 않는 것을 정직하게 받아들이고 무감성을 인정하는 것도 용기가 아닐는지. 생음악 속에서 잠들 수 있는 것도 감상적 분위기라고 역逆으로 우겨볼 만하지 않을까. 역설은 얽매임이 없다.

앞좌석의 은발 할머니를 간간이 지켜보았다. 칠십 분 내내 마음가짐이 꼿꼿해 보인다. 흐트러진 자세 없이 곡이 끝날 때마다 박수 보내는 탁월한 관객이다. 음률에 맞춰 머리를 까딱거리는 것 같기도 하고 곡이 고조될 때 자세를 고쳐 앉고 추임새까지 넣어가며 음악의 흐름에 올라타는 듯 보인다. 콘서트가 끝난 직후 어르신은 폰에 사진을 꼼꼼하게 담는다. 옆의 젊은이에게 부탁하여 무대를 배경 삼고 손으로 V를 만든다. 화사한 옷차림에 여유 있는 미소를 곁들여서 허리를 펴고 한컷 한컷 당당하다. 노인의 하루는 낭만, 자유롭다.

감성이 아직 마음을 떠나지 못하고 서성거려서일 게다. 공연이 끝난 후 아트센터 옆에 있는 공원에 들었다. 여름비에 물먹은 숲은 가볍지도 단순하지도 않은 향내가 엷게 깔려있다. 피었다가 사라진 봄꽃의 잔향과 땅에서 튀어 오른 젖은 흙내음, 생이 왕성해진 나무의

미묘한 향기, 코끝에 감기는 숲의 냄새가 서로 다투고 있음이라. 텀블러에 받아 온 커피와 크로와상을 입에 넣고 향도 함께 삼키니 숲과 나는 아우러져 하나가 된다. 잔가지 사이의 회색 하늘을 본다. 평온을 염원하는가. 잔잔하다, 낭만이란 그런 것이 아닐까. 생의 무대인 우주는 내가 느끼고 불러주었을 때 안으로 들어와 가슴을 재우기도 뛰게도 하고 눈물, 웃음, 감격과 평화를 담아 날아오르게도 한다. 실로 감각의 선물이 아닐는지. 삶의 무대이든 공연장이든 자연 발생이 아닌 의지 갖고 다가가야만 정서의 교감은 이루어지리니 티켓을 사야 콘서트도 즐길 수 있다.

발길 돌아서며 낭만을 저 깊은 숲속 어딘가에, 아트센터 공연장에 편안히 누인다. 꿈꾸고 싶을 때 찾아가리라. 살다가 미적분이 어려워 길을 헤매고 외로움에 젖어 삶이 고루해지면 의지를 담아 언제나 낭만, 너와 함께하리라.

삶에 대한 인간의 욕망 끝에서

임종의 순간

　새벽에 요양원으로부터 어르신이 위독하다는 급한 전갈을 받았다. 코로나에 걸렸을 때 90세의 고령에도 의연하게 버텨냈던 분이었다. 전날만 해도 풍선 놀이에 스러져가는 몸을 억척스럽게 고쳐 앉으며 풍선을 받아쳤는데….
　어르신은 침상에 의식을 잃고 잔뜩 오그리고 있었다. 워낙 작은 체구가 한쪽으로 치우쳐 허수아비 막대기에 옷을 걸쳐놓은 것처럼 보였다. 삶을 접을 때의 모습은 거기서 거기, 더없이 초라하다. 머리를 낮추고 수액을 놓고 산소호흡기를 달고 까만 유두를 꼬집으며 소생에 매달렸다. 다행일까. 어르신은 달라붙은 속눈썹을 밀치며 눈을 떴다. 얼마나 힘겹던지. 불투명한 눈과 마주칠 때 한순간 미소가 스친 것 같기도 하고 입술이 조금 움직인 듯 보이기도 했다. "어르신 곁에 있을 거예요. 안심하고 힘내세요." 혼자가 아니라는 것을 알려주고파

가려는 분 앞에서 항상 하는 나의 멘트다. "천천히 깊게 숨을 쉬세요. 그럼 편안하고 좋아지실 거예요." 위로의 말일 뿐, 생을 영위하기 위한 의학적 장비가 없는 곳에서 무슨 수로 신이 부르고자 하는 사람을 막을 수 있단 말인가.

어르신은 얕은 숨이지만, 안도한 듯 규칙적으로 숨을 쉬며 잠이 들었다. 따뜻한 온기는 유지되고 가슴에 남아있는 심장의 고동은 살아있음의 표식으로 충분했다. 죽음도 삶과 같이 애를 써야 편안하게 맞는가 보다. 가족에게 힘겹게 소생하셨다고 알렸다. 어쩌면 오래 버티시지 못할 것 같다고 운을 뗀다. 코로나로 면회를 제한해야 하지만 어쩌랴. 알면서 그냥 가시게 할 수는 없었다. 영원히 헤어져야 하는, 다시는 뛰는 심장을 느낄 수 없는 죽음이지 않은가. 조심스럽게 면회는 이루어졌다.

다른 어르신들은 아무 일이 없었던 것처럼 식사하고 약을 먹고 기저귀를 간다. 죽음은 그렇게 일상적 생활 속에서 천연스럽게 진행된다. 남는 어르신들의 상처를 최소화하기 위하여 어르신의 죽음을 유예할 수밖에 없다고, 가는 할머니에게 무언의 양해를 구한다. 가족들은 이따금 병원으로 이송하기를 피한다. 불가능한 소생을 담보로 막대한 의료행위에 어르신을 내몰고 싶지 않다고 변명하듯 조심스럽게 이해를 구한다. 이만하면 호상이라고 넌지시 덧붙인다. 나의 애쓰는 것도 여기에서 더 나아가지 않는다. 기실 인간으로서의 품위가 지켜지는 삶을 영위하기 힘들 것이니 어쩌겠는가.

어르신의 생과 사는 자의로 결정할 수 없다. 태어날 때 자신의 의사가 배제되듯, 죽음도 본인의 의지를 접어야 한다. 독방으로 환자를 옮기고 병원으로 이송했다고 궁금해하는 어르신들을 안심시킨다. 죽음을 피하고 싶은 어르신에게 병원은 끝까지 놓고 싶지 않은 희망이다. 당신의 마지막을 소홀하지 않게 최선을 다한다고 알려야 하기에 거짓은 통용된다. 더 이상 붙들고자 하는 의지도, 이유도, 의무도 없이 모두 한마음으로 시간을 보낸다. 한계는 여기까지라고 죽음의 사자만을 기다리는 꼴이다. 완벽한 속수무책이다.

일주일 후 잠든 사이 편안한 모습(주관적 느낌이다)으로 임종을 하였지만, 어르신이 그렇게 가고 나면 숙제가 생긴다. 죽음을 편안하게 맞이하도록 도움이 된 것인지. 진정으로 어르신은 살아 있는 사람들의 배웅을 느끼고 가셨는지. 의식을 잃고 실낱같은 숨을 쉬고 있던 날 되살린 것이 어르신의 죽고자 하는 의지를 방해한 것은 아닌지. 힘든 삶을 며칠 더 연장하는 것이 의미가 있는 것인지. 어르신을 잃을 때마다 온 정성을 다한다는 미명美名 아래 애쓴 다음에 오는 회의이다. 왜일까. 평소에 이만하면 호상이다, 라고 생각했으면서도 어르신이 위험할 때마다 그대로 임종을 맞이하게 할 수는 없었다. 삶에 대한 인간의 질긴 욕망을 알기에 매번 최선을 다해야 한다고 끈덕진 노력을 고수해 왔다. 죽음의 반발보다 빠른 포기가 진정으로 가는 이를 위하는 것은 아닌지. 이래저래 회한과 긍정이 들쑥날쑥한다.

사람은 특히 혼자 죽는 것을 두려워한다. 죽음이 칠흑보다 더한 어둠 같아 알 수 없는 무한 공포인데 하물며 지켜주는 이가 없다면 육체적 고통보다 정신적 두려움이 더 참아내기 힘들지 않을까. 죽음의 순간, 끝까지 남는 것은 청각이란다. 의식이 없는 분 옆에서 가족의 잘 가라는 마지막 인사에 눈물이 뺨을 타고 흐르더라는 이야기를 듣는 경우가 있다. 알아듣는다는 것은 의식이 있어야 이루어진다고 본다. 그렇다면 육체적 반응이 없다고 무의식이라고 단정할 수 있을까? 자신을 표현할 수 있는 최소한의 힘도 남아 있지 않아 '그냥 죽게 내버려 둬'라든가 '살려 줘'와 같은 표현을 할 수 없는 것을 '혼수상태'라고 오해하고 있는 것은 아닌지.

죽음의 다리를 건너는 순간까지 살아 있는 이들의 소리를 듣는다면 다행일까 불행일까. 늘 이 수수께끼에 마음이 편치 않다.

삶의 기억을 남길 수 있는 매력적인 도구

입문의 도화선

　사춘기의 꿈과 동경 때문이었는가. 고등학교 시절, 혼자 쓸쓸하다고 생각될 때 입시 공부하는 틈틈이 소설책을 읽었다. 그 시간이 행복했고 글에 대한 매력에 끌리기 시작하였던 듯싶다.
　여고 시절에 『바람과 함께 사라지다』를 되풀이 읽으며 주인공인 '렛 바틀러'를 남몰래 흠모하였다. 주인공은 보수적인 사회의 틀에는 냉소적이고 시대에 앞서가는 자의식이 강하고 위기를 기회로 바꾸는 야성적인 사람이었다. 뭇 여성들에게 열망의 대상이지만 한 여인만을 맘에 담을 줄 아는 남자였다. 그런 매혹적인 인간을 탄생시킨 작가에게 커다란 호기심을 느꼈다.
　내가 태어나기 훨씬 전이었다. 1936년에 방대한 소설을 집필한 '마가렛 밋첼'은 교사생활을 하면서 십 년의 세월을 한 작품에 매달렸다. 삼십 대인 작가가 쓴, 몰입되는 탄탄한 글에 놀라움을 금치 못했다. 나도 그런 글을 쓰는 작가가 될 수 없을까. 열정적인 여인의 글은 사춘기 마음을 건드리며 작가에 대한 매력에 빠지게 하였다.

대학 진학 후 교내신문에 '잠자지 않고 있다' 라는 시를 게재하였다. 원고료를 준다는 단순한 유혹에 만든 산문시였다. 그것을 계기로 문학 동아리에 자연스럽게 드나들었다. 동인들과 함께 유행처럼 대학가에 떠다니는 헤르만 헷세의 여러 작품들을 답습하였다. 지적인 글과 논리적인 언어는 혈기 왕성한 젊은이를 매혹하였다. 동인들은 글쓰기보다 글 읽기에 몰두하였다. 책에 대한 열띤 토론에 지칠 줄 몰랐고 이해되지 않는 철학에 끊임없이 도전하며 비현실적인 사고에 매료되었다.

나는 소설을 쓰고 싶었다. 경험해 보지 못한 남녀 간의 애절한 사랑, 갈등, 미움, 죽음을 표현해 보고 싶었다. 인생에 대한 실존적인 고뇌, 삶에 대한 가치, 끝없는 우주에서 방황하는 고독, 시공간에 대한 영원성 등을 담아 글로 표현하고 싶었다. 그 욕심은 경험을 배제한 지식만을 높이 평가한 이상주의자의 허세였고 젊음의 치기였다.

대학 졸업 후 책임져야 할 삶이 늘어나고 감성은 심드렁해져 글쓰기도 사치처럼 느껴졌다. 나이 들어 한 남자와 가정을 이루고 수입을 착실히 모아 아파트를 늘려가며 성장하는 아이를 바라보는 것이 전부였다. 생활의 방편을 선·악 구조로 단순화시켜 현실적인 탈바꿈을 계획했던 것 같다. 그렇게 살아감에 주눅이 들지도, 커다란 굴곡도 없는 평탄한 세월이 흘러 장년이 되었다. 늦게 가진 직장에서 정년이 가까워지니 이웃의 삶을 들여다보게 된다. 사회 활동이 없어 집을 벗어나지 못하고 한낮에 잠이나 자고 찾아주지 않는 누군가를 기다리며 늙어간다는 것은 삶의 낭비가 아닐까. 그럴 수는 없다. 준비해야겠다.

생활의 단조로움이 습관이 되기 전에 무료에서 탈출할 수 있는 나만의 방법을 찾아내야 한다. 우선 즐겁게 할 수 있는 것으로 경박하지 않고 순수하면 좋겠다. 열정이 아니더라도 항상 가까이할 수 있고 무엇보다 시간과 장소에 구애받지 않는 것으로 사람들과 소통할 수 있으면 최상이지 않을까. 어느 날 잠깐씩 올려놓은 카톡의 짧은 글을 보고 동창은 글이 좋다고 흘리듯 말했다. 그 한마디 말은 누군가가 건드려 주길 바랐던 것처럼 종이 되어 고막을 울렸다. 문학에 대한 동경이 나에게 아직 남아 있었나 보다. 글쓰기로 정했다. 이 모두를 아우르며 삶의 기억을 남길 수 있는 매력적인 도구로 이보다 더한 맞춤이 어디 있겠는가. 친구의 주선으로 어렵지 않게 한 문학 클럽에 발을 들여놓았다. 그것은 절묘한 도화선이었다.

삶은 의지대로가 아니라 자연이라고 자신을 위로하며 살아왔다. 그러나 글은 자신의 내면을 바탕으로 써야 하기에 결과가 오래 걸릴지라도 애를 써야 하지 않을까. 내가 쓴 글이라도 자신에게 감동을 주는 것이 있는가 하면 서걱거리는 모래알처럼 아무리 쌓아도 흩어지는 글이 있다. 이 글을 쓰면서도 온몸이 반응하는 것이 느껴진다. 좋은 글은 논리적이고 감성적인 책을 많이 읽어 풍요로운 마음으로 얼마나 솔직하게 시간을 들여 훈련하고 공을 들였는가에 달린 것 같다. 올바른 생활 습관도 중요하지 싶다. 살아온 생의 반사적 기능을 엮어야 하기 때문이다. 그래야 읽는 사람에게 감동과 이해를 줄 수 있지 않을까. 사는 만큼 쓴다고 했다. 말하자면 직접적인 체험이 힘들면 간접 경험이라도 많아야 한다는 이야기로 책을 많이 읽을 수밖에 없지 않은가.

며칠 사이 신문을 꼼꼼히 구독하는 열정이 생겼고 마음을 건드리는 글을 오려내기도 한다. 잠이 오지 않는 새벽에 일어나 책을 읽고 설익은 글쓰기를 좀도둑처럼 조금씩 쌓아가고 있다. 수필클럽에서 숙제로 할당받은 글쓰기가 필사의 노력으로 결실이 맺어졌다.

이 대견함이 또 다른 인생 반전의 화두가 되길 바라며 고대 그리스의 이런 말을 읊조린다. '카이로스!' 일생에 주어지는 절묘하고 특별한 기회의 선택이여, 한 번만 더 기적 같은 시간으로 이어지길 기대해도 되지 않을까.

고요한 밤이 역동적인 낮으로 넘어가듯 확실한 근거를 앞세워 온전한 변화를 꿈꾸며 글쓰기로 장년의 문턱을 넘어서고 싶다.

맑은 창공을 바람이 노크할 때

골목길

 하늘이 젖어있다. 낮게 지나가는 구름이 안개비가 되어 몸집을 줄이고 있다. 그 모습이 좋아 창밖을 내다보다 비가 그치자 산책을 나섰다.
 건널목을 두 번 건너면 재개발을 기다리는 동네가 있다. 아파트 천지인 빌딩 숲 너머에 육·칠십 년 대에나 볼 수 있는 낮은 담장의 허름한 집들이 숨어있다. 좁다란 길로 촘촘하게 이어져 벌집 같은 모양새의 군락이다. 다행히 커다란 공원이 가까이 있어 마을은 답답하지 않다. 요즘 사람들이 건강 지킴이로 선호하는 것이 트레킹이지 않은가. 걷기에 알맞은 공원에 가려면 넉넉지 않아 보이는 이 동네를 통과해야 한다. 공원까지 가는 길은 여러 갈래 길로 이어져 있다. 동네의 속길과 뒤안길이 얽혀있는 곳으로 심심치 않게 거닐 수 있는 나의 산책로이다.

대로변은 무뚝뚝한 사내들의 길인 듯싶다. 대부분 돈벌이 목적으로 지어진 빌딩이 즐비하다. 주로 바쁜 사람들이 이용하는 곳으로 지나다니는 사람들은 서로 투명 인간을 보듯 무심하게 지나친다. 반면에 숨어있는 골목길은 여인 같다고나 할까. 얌전하고 아담하여 아녀자와 닮아있다는 생각에 나는 '아낙길'이라고 이름을 붙여 주었다. 느슨한 걸음으로 가게를 기웃거려도 흉하지 않으니 맞춤이지 않은가.

골목 입구에 16년간 운영하고 물러난 요양원이 있다. 간호가 천직이라고 생각하며 즐겁게 일했던 곳이다. 동네가 낙후되어 젊은이들은 살기 편한 아파트로 빠져나가고 남아있는 주민은 거의 노인들이다. 긴 세월 동안 요양원을 거쳐 간 동네 어르신이 있는지라 인연이 있는 좁은 길은 거닐 때마다 시선이 따뜻하다.

요양원 가까이 막다른 골목에 파란 양철 지붕으로 처마가 늘어진 옹색한 집이 있다. 방 하나에 부엌 하나의 구조로 임대업을 하기 위해 지어진 집이다. 같은 모양으로 나란히 세 채가 형제처럼 놓여 있다. 자그마한 마당에 두 개의 화장실과 수도가 놓여 있어 세 가구가 궁색하게나마 모여 살 수 있는 곳이다. 생김새는 빈약해 보여도 공 씨 할머니가 돌아가실 때까지 월세를 받아 요양비를 냈던 알찬 주택이다.

요양원 초창기 때이다. 혼자 사는 공 씨 할머니는 근력이 약해져 걷기 힘들어하였다. 그뿐만 아니라 불가사의한 걸음으로 집을 나가면 치매로 길을 잃고 헤매고 다녔다. 보다 못해 멀리 떨어져 사는 딸이 어르신을 설득하여 입소시켰다.

할머니는 처음부터 찰진 욕과 천진하고 엉뚱한 말로 우리에게 웃음을 주었다. 식구는 알아보지 못하면서 사자성어와 속담은 어찌 그리 기억하는지. '공자왈 어쩌구' 하며 훈육할 때는 승복할 때까지 집요해 맞장구치며 물러서야 끝이 났다. '돼먹지 못한 것들이 알아들으니 예뻐' 후렴처럼 말하며 매번 품에 안고 등을 토닥여 준다. 동네에서 존경받던 할머니는 적지 않은 분들의 방문으로 요양원을 노인정처럼 시끌벅적하게 만들었다. 밥때가 되면 그들을 대접하라고 위엄차게 호령하며 당신 집에 찾아온 이에게는 반드시 끼니를 주어야 한다고 했다. 그분의 노년은 화해와 베풂의 몸짓이기에 전혀 초라하지 않았다. 우울하지 않은 삶의 마무리는 하루아침에 이루어지는 것이 아니라는 것. 노년에 와서 급하게 고칠 수 있는 생활 자세는 거의 불가능하다는 것. 진심을 담아 도움을 주는 덕행이 얼마나 따뜻한 이웃을 만드는지. 알려주고 가셨다.

미로처럼 이어지는 길은 길치인 나에게 흥미를 줄 뿐더러 폭이 좁아 혼자 걷기 알맞다. 몇 집을 지나치다 걸음을 멈춘다. 아! 그 집이구나. 초기에 '무서운 개 있어요.'라는 글을 '우스운'으로 읽고 미소 짓던 곳. 담쟁이덩굴이 대문에서 지붕까지 음산하게 집을 덮어 '이것이 더 무섭네' 하며 귀신 집이라고 했었는데 아직 담쟁이가 성글게 남아있다. 잠시 걷다 귀퉁이를 도니 자동차가 지날 만큼 길이 넓어져 세상이 커진 느낌이다. 비릿한 비 냄새 속에 옅은 원두커피 향기가 합세한다. 골목길에서 드물게 벽을 통창으로 꾸며 속을 훤히 들여다보게 만든 미장원 문이 열려있다. 머리를 하며 수다 삼매경에 빠진 여인과 따뜻한 커피, 스피커에서 나오는 발라드가 길손인 나에게 달려든다. 도시화 속의 경쟁에서 도망하고픈 사람에게 위로가 되는 정경이지 않은가. 마치 타임머신을 타고 세련되지 않은 서투른 곳, 과거로 돌아간 기분이다, 얕잡아 보며 여기서는 기를 펼 수 있지 않을까 하는 속내가 드러날까 봐 조심스럽게 걸음을 옮긴다. 아는 이가 있을지도 모르니 그럴 수밖에. 덩달아 촉수도 예민해지고 시각 후각 청각이 작동하여 골목 풍경은 힘이 세진다.

건강원, 세탁소, 해장국집, 뚱이네 포차, 부부 방앗간, 등을 지나 철물점에서 주춤한다. 동장이었던 오십 대 남자의 가게인데 지금은 누가 경영하는지 잠시 기웃거려 본다. 얼마 전 갑자기 심장마비로 세상을 떠났다는 소식이 있었다. 그는 골목집 사정을 누구보다 꿰고 있어 가끔 독거노인의 동태를 내게 알리며 의논을 해왔다. 작년에 이웃 돕기로 적지 않은 돈을 요구하여 관계가 소원해졌는데 끈질기게 설득하여 가지고 간 후원금은 잘 전달하고 가셨을까. 하나, 둘 사람들이 스쳐 지나가고, 줄고, 바뀌고 있다. 허한 마음 탓인지. 아주 짧은 순간 골목은 찬바람으로 채워진다. 땅을 쪼고 있던 비둘기 한 마리가 황망히 날아오른다. 창공은 지나치게 말갛다.

건너편 비에 씻긴 공원이 보인다. 온 길을 돌아본다. 언제까지 골목길을 서성일 것인지. 쇠퇴한 공간인데 닮아가고 있어서인가. 지나간 것에 대한 애수일지도 모른다. 멈칫거리다 공원을 뒤로하고 애완哀婉의 '아낙길'로 다시 접어든다.

'고우시네요'를 들을 때마다 입을 오그리며 웃으셨는데

떠나고자 하는 어머니에게

　내 나이 칠십 가까이 되는 지금 어머니에게 편지를 쓴다는 것이 쑥스럽고 죄송스럽지만 용기를 내어봅니다. 이만큼 살았으면 충분하다고 말씀하시는데 어머니를 결국 떠나보낼 수밖에 없는지. 오늘도 효와 불효가 서로 다투고 있습니다.
　맑은 새벽입니다. 편안히 주무셨나요. 수필모임에서 문학기행을 간다고 했을 때 침상에 놓인 그대로 아무 움직임 없이 누워 있는 어머니를 떠올렸지요. 어떤 것도 맛이 없다고 음식을 거부하는 어머니가 생각났어요. 지치면 안 되는데, 살려야 한다는 마음이 조금씩 접혀가고 있는 것 같아 가슴이 답답합니다. 알고 계신가요. 겨우 아기 몸무게만큼만 유지하고 횅한 눈으로 쳐다보는 어머니를 남겨두고 훌쩍 여행을 다녀왔던 것을요.
　그날 미숫가루 섞은 두유 한 수저에 눈도 안 뜨고 입을 가리며 "맛이 왜 이래. 안 먹어." 절규하듯 소리치셨지요. 수액 주사마저 거부하시며 진정 산다는 것을 귀찮아하는 듯 보였습니다. "이러면 정말 죽어요." 애원 섞인 협박에 언제나 똑같은 대답을 하셨습니다. "그러니깐 그냥 죽게 둬. 귀찮아." 메말라 있는 답에 무뎌지지 않은 마음이 징을 칩니다. 도망치듯 요양원을 나와 눈에 젖어있는 물을 없애려고 고개 젖히면서 본 달, 운무와 눈물에 꺾인 굴곡 때문인가 달은 많이 찌그러져 있었습니다. 주름이 가득한 주먹만 한 얼굴이 거기 있네요. "엄마 하루만 어디 좀 다녀올게요, 나 돌아오면 외식 나가자." 그 소리에 애잔하게 쳐다보시던 모습이 구름 속으로 파고드는 달과 겹쳐있었지요.

기억하시나요. 이십여 년 전, 칠순 잔치에 참석하지 못한 맏아들을 핑계 삼아 보란 듯이 미국에 계신 큰오빠에게 다녀오셨지요. 외국 여행이 흔치 않은 시절에 홀로 가시는 어머니가 걱정스럽기보다는 부러웠던 때, 연세가 일흔 다섯이었습니다. 여행은 훈장이 되었지요. "미국도 혼자 갔다 온 나야." 하시며 건강을 우려할 때면 그 한마디로 일축하시곤 했으니깐요. 그런데, 그 자신감이 어디 갔나요. 그 말씀이 그립고 듣고 싶습니다.

몇 달 전만 해도 '고우시네요.'를 들을 때마다 한 모금 공기를 물듯이 풀썩 입을 오그리며 웃으셨는데…. 삶에 한없이 떠밀려 어디론가 가버리려 하니 겁이 납니다.

항상 정갈하셨던 분이 어떤 도움도 귀찮다 하시고 목욕을 거부하는 모습이 이생에 있는 것은 모두 꼴 보기 싫다는 몸짓 같아 안타깝고 서운합니다. 형체만 알아볼 수 있는 어머니의 육신에 눈을 감습니다. 오랫동안 바람에 말려져 더 이상 줄어들 수 없을 것 같은 모습인데 하루하루 작아져 가는 것이 끝이 없네요. 체위를 바꿔드릴 때마다 느껴오는 따스한 체온의 작은 몸피가 저에게 주는 의미를 모르시죠? 어머니가 곁에 계셔주셔서 오는 생의 안온함을 말입니다.

어느 날, 우울증을 의심하며 왜 더 살고 싶지 않느냐고 이유를 물었었지요, "다 죽었어. 내가 보고 싶은 사람은 이 세상에 없어." 누워 지내기 시작하면서 처녀 시절의 경기도 포천 고향 얘기를 자주 하셨지요. 그때의 부모님과 형제, 친구에 대한 이야기로 눈을 반짝였으니깐요. 소중한 사람들이 대부분 저세상에 있다면 가고 싶겠구나 하고 어머니 편을 들어보려고 억지로 이유를 만들어 봅니다. 하지만 어머니! 어머니가 가신 후 저의 그리움은 어찌해야 하나요.

12월 31일이었습니다. 말일이라고 알려 드리니 그럼 새해에는 당신 나이가 어떻게 되냐고 물으셨지요. 아흔여덟이라고하니 '어휴' 하며 새삼 놀라워하셨지요. 마지막이 될지도 모르겠다고 생각하며 매달 드리는 돈 봉투를 드렸습니다. 활짝 웃으시며 돈을 세고 싶어 거미 같은 손가락으로 나오지 않는 침을 바르려고 입가로 손가락을 가져가지만 헛손질입니다. 손가락 사이로 엉거주춤 돈을 끼워드리니 조심스럽게 차근히 세는 모습이 얼마나 눈물겹고 따뜻해 보이던지요.

돈을 보는 것만으로도 즐거워하시니 매일 주머니에 있는 돈을 꺼내 확인시켜 드렸지요. 돈을 세는 숫자에 맞추어 눈을 고정하고 당신은 흡족해 하셨습니다.

"나보다 돈이 더 좋아?" 하고 물어보았습니다. 당신은 돈과 나를 번갈아 보다가

"돈 주는 네가 좋아." 하셨지요.

"돈 줄 때만 좋다는 거야?"

"응. 돈 줄 때가 가장 좋아." 힘없는 눈에 장난기 서린 맑은 빛이 들어갑니다.

"엄마! 돈 매일 드릴께. 이렇게 누워 지내도 좋으니 좀 더 나랑 살면 안 될까?"

막내딸의 안타까워하는 모습이 안쓰러웠나 봅니다.

"얼마나 줄 건데?" 선물 같은 미소를 입가에 살짝 보여주셨지요.

내 욕심에 어머니를 붙들고 있는 것은 아닌지. '그만하자. 아니 더 해보자.' 하루에도 몇 번씩 마음이 변덕을 부립니다. 죄스러워 내가 나를 쥐어박습니다. 어머니를 위하여 할 수 있는 일이 너무나 미약하고, 진정 위하고 있는지 의심스러워 두 손 모아 신의 은총에 기대봅니다. 가시는 날까지 사랑 속에서 외롭지 않고 고통 없기를, 그리고 용서를…. 어머니 무릎에 얼굴을 묻고 울고픈 막내딸이 눈물 대신 글을 올립니다.

멈춤과 벗어나기도 속도제한 두고 용기있게

가지치기

    사랑이라고 그 흔한 말을 앞세워 너에게 가위를 들이밀었다. 생각하건대 진정 가지치기는 애정을 담은 용기였다고 말할 수 있다.
    봄이 도착하기 직전이었다. 도로에 사다리 스카이차가 멈추고 현대판 가위손이 등장한다. 소도 잡을 듯한 묵직한 가위가 나뭇가지 사이로 과감하게 넘나든다. 가로수의 줄기가 꺾여 땅으로 곤두박질친다. 추운 겨울을 견뎌왔는데 식물들이 아프다고, 억울하다고 비명을 지르는 것 같아 마음이 편치 않다. 인정사정없이 후려쳐낸 후의 모습은 덩그러니 굵은 중심가지만 남았다. 우뚝 드러난 몸은 체면 사나운 꼴이 되어 처량 맞기까지 하다. 마음껏 혼자 자랄 수 있게 자연 그대로 두면 어디가 덧나냐며 동정 반 우려 반으로 마뜩잖아 혀를 찬다.
    치유의 시간이 흐른다. 여름이 들어서며 초라한 흉물은 탈바꿈한다. 언제 이 부드러운 어린 생명이 아이의 젖니처럼 또렷이 돋아나고 있는 것일까. 명맥을 이어가기 위한 어린 가지와 잎, 나무는 가냘프지만 뾰족해 보이는 연두 새싹으로 보상을 서두른다. 나의 입은 함박이 되고 눈은 놀란 토끼가 됐을 터, 지혜로운 가위질이 없었다면 저들은 질서 없이 뻗어나가 뒤섞인 모습으로 있겠지. 잔가지는 서로 볕을 차단하고 그늘 속에서 햇빛과 바람을 그리워하며 볼품없이 엉켜있지 않았을까. 모진 절단은 영명한 성장통이구나. 나무의 가지치기는 '건강 보장은 물론 보기에 좋았더라'고 무엇이든 아름답게 보이려고 애쓰는 인간에게 명분을 주기에 충분하지 않은가.

자연보다 인공 환경 속에 살아가는 우리네 모습도 별반 다르지 않다. 생각과 생활이 자질구레한 일로 얽혀있다. 하고 싶고 보고 싶고 가고 싶은 것은 새롭게 생기고 들쑥날쑥 내미는 아쉬움은 불시로 옆구리를 찌른다. 염치없이 뻗어가는 생각과 행동을 전지剪枝하지 않으면 나중에는 속 빈 강정으로 허탕치기 쉽다. 급기야 우왕좌왕하다가 '내 그럴 줄 알았어.' 하며 인생 종 치는 경우가 허다하지 않은가.

오십 년 넘게 계속해 온 동창 모임이 있다. 오랫동안 의미를 찾지 못해 나무의 가지치기처럼 과감히 밀어냈다. 그저 같은 반이었다는 이유로 긴 세월 엄벙덤벙 이어 나간 것이 전부인 모임이었다. 뒤돌아서면 아무런 생각과 의미를 찾을 수 없는 공허하기까지 한 만남이었다. 그들은 아니었을지 모르지만 나는 에둘러 비교하며 질투와 자랑을 일삼았고 식상한 수다에 질려가고 있었다. 계속 이어가야 하나. 지날수록 회의가 컸다. 갈피를 잡지 못하는 가지를 가지고 어리석게 긴 세월 끌고 왔던 것, 얼마 전 분별없는 행동에 선을 긋고 돌아섰다.

뜻밖에 그들도 미련, 미움, 소소한 관심이 제로 상태로 보였다. 발걸음이 가벼웠다. 오랜 시간 드리웠던 그늘을 걷은 기분이었고 여유와 공백이 선물처럼 나타났다.

글쓰기를 시작하면서 많은 인연이 생기고 만남과 모임이 이어지고 있다. 서로의 안부는 다정하고 만남 후의 발길은 가볍다. 컴퓨터에 쌓여가는 글에 비례해 각자 글에 대한 촌평의 갈증도 해소되고 있다. 글쓰기라는 줄기에서 자란 인연의 가지는 참견과 관심을 적절히 유지하고 있어 다행히 안녕하다. 그래도 조심스럽게 타진하며 나아가야겠다. 과도하거나 뻗어갈 필요 없는 것이라고 생각 들면 단연코 멈추리라 다짐한다.

겨우내 잔가지를 열심히 키워 무성해진 해피트리가 베란다 창가에 있다. 작은 화분에서 수분공급이 여의치 못해 시들한 모습이다. 분갈이는 차후에 하기로 하고 나무의 상태가 나빠지기 전에 미봉책으로 잎과 가지를 다듬어 몸피를 줄여야겠다. 건강하고 튼실한 초록을 기대하려면 꼭 필요한 통과의례이지 싶다. 나는 조경에는 아마추어에도 못 미치는 초보자다. 용기 내어 과감하게 가위를 들었다. 미덥지 않은 표정을 보이며 다가서는 나를 보고 나무는 얼마나 황당했을까. 자신의 일부가 잘려 나가는 것을 받아들여야 하니 얼마나 불안했을까. 너 못지않게 몇 번의 생각을 거듭하며 행한 가위질이었다고 고백하면 위안이 되려나. 끝나고 소파에 몸을 던진다. 술렁거리는 마음에 눈을 감고 머리 쓸어 올림을 반복하였으니 불안은 너만치는 아니어도 충분하였다고 본다. 햇빛이 거실 가득 들어선 아침이다. 정리된 해피트리의 선명한 모습을 흐뭇하게 보고 있다. 흐트림 없이 단정한 모양은 살아있는 생명에 물이 오른 듯 싱싱하다.

　인생 하반기다. 쓸모를 구별해야 그나마 지탱할 수 있는 나이가 아닌가. 외출도 버거워져 간다. 나이 듦에 충분치 않은 에너지를 지혜롭게 쓰고자 한다. 타인의 시선에서 벗어나고 싶다. 돈 명예 남과 비교하며 열망하고 인기에 연연하는 생활에서 자유로워지고 싶다고나 할까. 만약 당신 언저리에 거추장스러운 내가 있다면 서슴없이 쳐내어 나에게서 벗어나기를 희망해 본다.

이기적인 인간, 다른 생명과 공존해야 하거늘

고약한 생채기

 가끔 운동장에서 달리기하듯 요양원 지붕 안쪽을 가로질러 끝에서 끝으로 뛰는 소리가 들렸다. 그즈음 어르신과 아침 인사는 천장의 무단 침입자 이야기로 시작하였다. 여기는 요양원이 아니라 어김없는 옛날 시골집이라고 말하며 어르신은 재미있다는 듯 환한 표정이다.
 요즘 천장에 쥐가 사는 미개한 곳이 있다니. 더구나 요양원은 청결이 우선이어야 하는 곳이 아닌가. 흥미로워하는 할머니의 표정에 어이없다. 쥐라면 숫자가 느는 것이 재앙일 텐데 하물며 그들이 대가족을 이루는 모양이라고 즐거워한다. 같이 천연덕스럽게 웃긴 했어도 기가 막혔다. 천장의 손님은 서로 시샘하기도 견제하기도 하는 어르신들을 한마음으로 모으는 일조를 하고 있다. 소일거리가 부족한 노인들은 녀석들의 불규칙한 움직임에 촉각을 세우며 사건을 조작하고 활력과 생기를 더한다. 퇴치하려는 움직임을 보고 쥐똥이 떨어지지 않으면 그냥 모른척할 수도 있지 않겠냐고 장난스럽게 운을 떼기도 한다.

요양원 공사를 할 때 많은 배관 처리와 온열 효과를 위하여 천장 공간을 어른 머리 하나 들어갈 정도의 높이로 마감하였다. 백 평이 넘는 곳이니 쥐가 살고자 하면 큰 저택이 될 터였다. 조심성 없는 생명이 넓은 공간으로 들어가 운동장 삼아 돌아다닐 수 있다는 짐작이 갔다. 길고양이라고 할 수는 없었다. 은밀함을 기본으로 하는 녀석이 그리 소란스러울 수 없지 않은가. 어르신들이 흥미로워하고 지켜보고자 하니 처리해야 할 문제가 하루아침에 해결될 것 같지 않아 답답하였다.

눈을 의심하였다. 용기 내어 천장 안쪽을 들여다보니 동물의 흔적과 많은 새똥으로 난장판이었다. 사람이 살지 않는 어느 뒷골목의 스산하고 적적한 분위기의 축소판이라고나 할까. 온갖 먼지와 뭉쳐진 새털이 사람 머리 위에서 몰려다니고 있다니. 양쪽 구석에 두 마리의 비둘기가 서로 마주 보며 알을 품고 있지 않은가. 둥지를 튼 비둘기 옆에 신랑인 듯한 녀석이 가장의 위세로 서서 두리번거리며 머리를 까닥거린다. 집주인의 눈초리로 적의 가득하게 쳐다보는 녀석에게 사람은 틀림없이 이방인일 것이다. 주객이 전도되어 침입자가 된 나는 잔뜩 겁먹고 머리를 빼내었다.

사무장이 장대를 들고 들어가 어미를 쫓으려니 '구구' 소리를 내며 눈을 크게 뜨고 저항하더란다. 그도 새끼를 품고 있는 녀석이 안쓰럽고 벌 받을 것 같다며 포기하고 내려왔다. 요양원은 위생과 깨끗한 분위기가 우선인데 보이지 않는 곳이라고 몰라라 하고 지낼 수는 없는 노릇이다. 더욱 보호자와 면회할 때 누가 얼마나 방귀를 뀌는가까지 시시콜콜 이야기하는 어르신이 계시는데…. 이 사건을 묵과하지는 않을 터, 지붕 위에 사는 비둘기는 충분한 이야기 감이 되고도 남는다. 비둘기알의 부화는 3주 걸리고 이소까지는 두세 달 걸린다니 시간을 끌면 해결이 더 어려워질 것이었다. 마음이 조급해졌다.

어르신들은 서운해하였다. 쥐도 아니고 새인데 쫓아야 하느냐고 넌지시 불평한다. 설명과 설득이 필요하였다. 옛날과 달리 개체 수가 많은 텃새가 되어 건방지게 사람을 보아도 날아가지 않고 거꾸로 사람이 새를 피하는 형편이라고 하였다. 버려진 음식물 쓰레기를 섭취하고 아무 곳에 배설하는 행위로 피부병 외에도 많은 질병을 일으킨다고 겁을 주기도 하였다. 우려와 달리 승낙은 쉽게 이루어졌다. '그래서 요즘 몸이 가려웠구나' 하며 원망과 적개심으로 빨리 내쫓으라고 재촉하는 어르신도 있었다.

청소 후 입구를 찾아 모두 막기로 하였다. 어미를 내쫓고 보니 메추리알처럼 생긴 두 개의 알이 보금자리마다 있었다. 둥지는 가느다란 나뭇가지, 비닐 조각, 전선 피복, 지푸라기, 헝겊 등으로 바닥에 얼기설기 엮어져 누추하고 초라하다. 사람들이 버린 잔재들을 물어다 집을 지으며 가장 안전하다고 택한 곳일 텐데, 철거 대상이 되어 내쫓김을 당할 줄이야. 얼마나 애가 타고 황당했을까. 공사 중에도 어미가 계속 들어오려고 하여 결국 둥지에 손을 댈 수밖에 없었다. 공사하는 이가 둥지와 알을 잡고 매정하게 멀리 던지니 그쪽으로 날아가는 어미 새를 보았다는 직원의 말은 비둘기를 볼 때마다 생각나는 고약한 생채기로 남았다.

　그 후 며칠 동안 비둘기들이 요양원 주위를 비행하다가 창으로 돌진하는 것 같아 가슴이 철렁하였다. 새끼 잃은 어미가 눈에 보이는 것이 있으랴. 평소에 비둘기가 창가 모서리에 앉아 쉬기도 하였는데 도둑이 제 발 저리듯 얼마 동안은 그들의 모든 행동이 복수의 공격으로 느껴졌다. 1988년 올림픽 경기 때 많은 비둘기를 평화의 상징이라고 퍼포먼스로 날려 보낸 일이 있다. '비둘기처럼 다정한 사람들이라면….' 이라는 노래를 즐겨 부른 시절도 있었다. 공원에 비둘기 먹이를 주지 말라는 현수막을 본 적이 있다. 요즈음은 개체 수가 늘어나 그들의 배설물에 진저리를 친다. 나 살자고 그들의 알을 무참하게 몰라라 한 내가 할 소리는 아니지만 이런 경우 자연 친화적인 공존의 방법은 없을까. 형편에 따라 우습게 배반하는 우리네들, 사람 가까이 사는 생명은 사람에게 도움을 받기도 하지만 인간의 이기심으로 고난도 많다는 것, 쓸쓸한 현실이다.

　출퇴근 때 가까운 공원에서 날아든 비둘기를 본다. 어쩌다 유난히 단추를 박은 듯한 차가운 눈동자와 마주할 때 저들의 눈에 비친 나는 어떤 모습일지. 그늘진 기묘한 생물로 보이지는 않는지, 생명에 손을 댄 자격지심이 발동하는 날은 그랬다. 성호를 긋는다. 궁핍하고 답을 찾지 못하면 의식적으로 하는 행동이다.

내 생애 한 번이면 차고 넘치는 경험

24일간의 코호트격리

 2020년 연말은 사회적 거리 두기를 강요하는 가운데 뒤숭숭하게 지나가고 있었다. 불안이 쌓이면 일이 터진다고 했던가. 조마조마한 마음은 현실이 되었다. 그 해 계속되는 코로나 3차 대유행 국면에서 우리 요양원도 비껴가지 못했다.
 전화벨이 울린다. 일주일에 한 번 있는 코로나 검사에서 요양보호사 한 명이 확진되었다고 한다. 어르신들이 위험하다. 어제 시청한 TV, 코로나로 쑥밭이 된 요양병원이 생각난다. 환자뿐 아니라 직원까지 감염되어 아수라장이 된 화면이 머리에 크로즈업된다. 결국 폐업까지 간 병원은 우리보다 몇 배 큰 조직이었는데, 아뜩하고 무섭고 억울하다. 이만큼 철저히 방역하면 되지 않을까 하였던 모든 노력이 물거품이라니. 신이 아닌 다음에야 퇴근 후 직원의 개인 생활까지 어찌 단속할 수 있단 말인가.

2021년 새해 첫날, 2주일간의 봉쇄를 시작으로 코로나19 코호트 격리가 시작되었다. 어르신과 직원, 33명은 의지를 내려놓아야 했다. 아침에 출근하여 발이 묶인 넋 나간 직원들, 소식 듣고 찾아온 가족은 어르신을 만나지 못한 채 안부만 묻고 눈물을 글썽인다. 즉시 모든 외부는 차단되고 우리에 갇힌 여느 동물처럼 떨기만 한다. 개인생활이 사회적 여건으로 수시로 철저히 지배당하는 요즈음이다. 이제는 격리된 사회에서 오직 살고자 하는 자세로 아부해야 하는 처지 아닌가. 숨 쉬는 것조차 눈치 보인다. 비참하다는 감정마저 사치스러워 무無로 돌아갈 수만 있다면 옳다구나 하고 마다하지 않으리라.

　어르신이 계속 감염되었다. 한번 발을 들여놓은 바이러스의 침투는 은밀했고 시간과 공간을 막힘없이 빠르게 넘나든다. 이틀에 한 번씩 하는 검사 때마다 감염된 어르신이 나오니 그때마다 봉쇄는 2주씩 연장되었다. 감염된 것도 모른 채 병원으로 가는 어르신을 보고 다시는 못 돌아올 것 같은 안타까움에 미칠 지경이다. 하느님의 뜻이 어디에 있든 그저 원망스럽다. 네 번째 검사에서 요양보호사마저 두 명이 양성이다. 그들이 이송 가는 날, 눈만 크게 뜨고 입을 꾹 다문 채 서로 바라보기만 하였다. 부서지고 스러지고 불안을 안고 허둥대는 것을 언제까지 해야 하나.

　올해 유난히 눈이 많이 내려 창밖의 세상은 한층 밝아 보인다. 무엇을 잘못하여 유독 우리만 암흑 속에 갇혀 생사를 저당 잡혀야 하는지. 매스컴과 SNS를 통해 듣는 밖의 소식은 나아지는 기미는 없고 곧 세상이 망할 듯이 아수라장이다. 그러나 그들은 자유가 있지 않은

가. 존재조차 짐작할 수 없는 바이러스는 천벌을 내리는 신 같다. 잘못했다 제발 그만하자. 하느님이든 바이러스든 대상 불문하고 무조건 간절히 빌어본다. 급기야 벗어날 수만 있다면 내가 가지고 있는 모든 것을 포기하겠다고 다급한 조건을 붙여 기도한다.

감염된 직원이 떠나고 나니 어르신 수발이 막막해졌다. 카톡으로 서로 안부를 주고받는 가운데 집에서 격리하고 있던 요양보호사 두 명이 들어오겠다고 의사를 밝혔다. 언제 감염이 될지 모르는 요양원, 위협이 지뢰 밭처럼 널려있는 곳으로 말이다. 다음날 그들이 묵묵히 여행 가방에 짐을 싣고 나타났을 때 우리는 서로 손잡고 눈물을 글썽이며 활짝 웃었다. 그들의 배려와 희생은 꺼져가는 불씨를 다시 살리는 희망의 씨앗이 되었다.

감염된 곳의 봉쇄는 막연한 각자도생만 각오해야 하는 미개한 방법이었다. 안에 있는 사람은 알아서 살아 나가야 하고 밖에서 바라보는 이들은 멀리서 발만 동동 구르는 꼴이다. 언제 끝날지 모르는 불투명한 나날은 모두에게 확실한 안착을 목마르게 기다리게 할 뿐 뾰족한 수가 없었다. 물러설 곳 없는 막다른 골목에서 선택의 여지가 없다면 죽을 각오로 싸울 수밖에 없지 않은가. 투혼을 다하여 임하면 한 사람이라도 살아남아 밖으로 나가는 날이 오겠지. 이 또한 지나가리라. 굴복하지 말고 끝까지 견뎌 탈출한 빠삐용이 되자고 자신에게 주문을 걸었다.

재래식 방법으로 철저한 격리와 소독을 택했다. 보건소에서 알려주는 대로, 텍스트 북 그대로 토 달지 않고 성실히 따랐다. 실내와 손 소독은 빈틈없이 하고 방에 들어갈 때마다 무겁고 복잡한 방역복을 매번 갈아입었다. 사람 간의 접촉을 최소화하고 비말飛沫을 차단하기 위해 벙어리가 되었다. 소독이 안 되는 생활용품은 일회용으로 교체하고 층별 간의 생활을 철저히 분리하였다. 생활 쓰레기가 쌓여갔다. 이 환란의 원초적인 원인이 환경파괴라는데 그러나 어쩌랴. 어떡하든 살아서 나가야 했기에 화학 물품 남용으로 오는 환경오염이니, 생태계 파괴니, 따위는 일단 뒷전이었다.

다섯 번째 검사 결과 전원 음성이 나온 후 기도하는 마음으로 지냈다. 하루가 백 년처럼 시간이 멈춘 환경 속에서 저항할 수 없는 반복적인 생활이 이어졌다. 연속적으로 네 차례의 전원 음성이 나왔다. 드디어 해냈구나. 심장이 뛰었다. 기쁨의 눈물 속에 코호트 격리는 24일 만에 해제되었다. 봉쇄가 연장되어도 끝까지 함께 싸워준 직원들의 희생으로 어둡고 긴 터널을 빠져나올 수 있었다. 병원에서 치료받던 어르신들이 건강히 돌아왔다. 그들의 손발이 되고 밥에 반찬을 얹어주는 수발이 일상이 되었다. 인간 승리였다. 치열하게 얻은 계속된 생명은 평범한 삶에서 반짝였다. 돌아보건대, 우리가 대견한 일을 해냈구나 하고 자족하는 순간 고통은 보상되었다.

시행착오 속에 삶은 흐른다. 걸음을 멈추지 않고 앞날을 모색하면 시련은 반드시 끝이 난다. 그러나 코호트 격리는 내 생애에 한 번이면 차고 넘치는 경험이다. 같은 시련이 다시 온다면 뒤도 안 돌아보고 우주 밖으로 도망가리라.

3부

백량금

자춤거리는 생의 고비

백량금

　오늘을 거역해 무엇하겠어요. 결국, 과거로 머물러 쓰라림만 남을 걸. 단 한 번도 포기하지 않았던 당신의 병마와 치열하게 싸웠던 날도 과거가 되고 믿을 수 없는 죽음은 매일 현실로 남아있습니다. 혼자 살아가야 할 미래에 목이 메고 저항할 수 없는 절대적 상실감 앞에서 깨달았습니다. 내가 당신을 지켜준 것이 아니라 당신이 나를 지켜주었던 것이라고.

　당신에게 편지를 여기까지 쓰다가 벌떡 일어나 화분에 물을 주었어요. 며칠 전 어떻게 생겨난 것인지 소철나무 밑에 엄지손가락만 한 푸른 잎 식물이 있더라구요. 여우비와 같이 온 생명이었습니다. 한 뼘 크기만큼 자란 후 인터넷을 검색하여 그 녀석이 백량금이라는 것을 어제 알았지요. 당신의 생도 지키지 못했으면서 다시 시작한 생명에 대한 애착에 기가 막히지만 어쩌겠어요. 물을 줄 수밖에. 생명은 원초적으로 슬픔을 가지고 있다고 나를 두고 가버린 당신 때문에 든 생각입니다. 눈물은 뽕잎을 갉아 먹는 누에처럼 의식 속에서 조금씩 몸의 에너지를 소모 시키지요. 피하고 싶어 무작정 차를 몰았습니다. 이른 아침은 우윳빛으로 가녀린 몸을 따뜻하게 위로해주더군요.

거리의 조용함이 낯설었습니다. 코로나 덕분이기도 하지요. 사람이 뜸하니 인위의 공간이 자연의 손길로 잦아든 것 같아 안온해 보이기도 하였습니다. 멀리 바라보니 차도가 맞닿아 길이 끝난 듯 착각을 일으킬 정도로 시야가 길게 보였어요. 긴 장마가 먼지를 걷어가고 코로나가 사람을 가두었기 때문입니다. 나지막한 집들이 모여 있는 골목길을 찾아갔지요. 지구가 작아진 느낌이었습니다. 사람들의 빈자리로 공백은 커졌지만 다행일까요. 무엇인가 채워진 듯 공허하지 않았어요. 바람이 살랑일 때마다 인간의 영혼들이 육체를 이탈하여 자유로이 떠다니는 것이 아닌가 싶었습니다.

별안간 시장기를 느꼈어요. 익숙하지 않은 공간인데 넉넉함을 느끼는 무엇이 있었습니다. 아마 7·80년대의 야트막한 가옥들이 햇빛을 받아 단정하고 다정하게 느껴졌기 때문인 듯싶었습니다. 편의점에서 브런치로 도시락을 먹었습니다. 창 너머 아이들과 즐겁게 장난치며 노는, 마스크로 얼굴을 반 가린 가족의 모습을 파노라마 보듯 했지요. 맞은편에는 재래식 화장실에서 다리를 벌리고 앉아 있는 듯한 동상이 있었어요. 빨간 망토를 걸친 스파이더맨이었습니다. 고개를 옆으로 꺾은 남자의 눈은 파충류 같았어요. 어울리지 않는 구조물, 그 차가움에 테이크아웃 커피점에서 산 라떼의 맛을 느낄 수가 없었지요. 리기다소나무를 중심으로 시멘트로 만든 둥그런 벤치에 삐죽하게 걸터앉았습니다.

춤을 추듯 일정하게 팔을 휘저으며 걷기 운동하는 중년 여인이 셔틀버스처럼 왔다 갔다 반복하고 있습니다. '집에 돌아간다. 안 간다.'를 놓고 열 번 오갈 것이라고 자신에게 내기를 걸었건만 여인은 일곱 번을 넘지 못하고 사라졌지요. 원망하면 또 지는 것이라고 하면서도 '병신' 하고 내뱉었습니다. 그림자가 수수깡처럼 길어져 키와 맞먹을 때까지 멍하게 긴 의자에 앉아 있었어요. 내기를 다시 걸었습니다. 두 명 이상 사람이 지나가면 집으로 돌아가자고. 얼마나 지났을까요? 이제 겨우 성인식을 했을 법한 세 명의 소녀가 재잘거리며 다가왔습니다. 그들의 웃음이 풍선처럼 거리를 떠다닐 때 인천 중구청을 뒤로 하고 걷기 시작했습니다.

나무와 꽃이 우거지고 대문과 벽에 담쟁이가 엉기는 집을 보면서 내 나라가 아닌 타국이라는 생각이 들었어요. 창문 베란다에 걸쳐진 이름 모를 야생화에 점수를 후하게 주며 유럽 스위스 어디쯤 와 있는 사치스러운 생각으로 내 입꼬리가 위로 올라갑니다. 기억하나요. 프라하의 카를교에서 손잡고 거니는 노부부를 보자 당신은 보란 듯이 왁자하게 내 어깨에 손을 얹고 포옹하듯 감싸며 장난스럽게 웃었지요. 저편 세계로 가버린 당신, 기꺼이 돌아와 나를 안아줄는지요. 시간과 공간을 뛰어넘어 당신과 마주할 수 있는 몽리, 찰나만 허락되었나요. 모퉁이 집 층계마다 도열하고 있는 고무 함지와 그 속의 식물이 지금 여기를 깨우칩니다. 가느다란 고춧대가 듬성히 꽂혀 색 바랜 고추를 섬기느라 애쓰고 있습니다.

　벌써 저녁 거미가 오고 있네요. 비눗방울이 하늘로 떠오르듯 시간이 자유롭게 흐르고 있습니다. 골목길 끝에 자리한 동그란 일인용 나무 의자가 덩그러니 있어 잠시 앉았습니다. 옆에 아무도 관심을 두지 않을 사기로 만든 화분이 뒹굴고 있었어요. 버린 것이라면 가지고 갈까 하는 욕심이 생겼습니다. 일축된 마음은 아마 화분이 아니고 거기에 배어 있는 한가로운 삶이 아니었을까 합니다. 좁은 골목을 잠식한 자동차마저 불편함보다는 일상을 완성하기 위한 도구같이 보였으니까요. 느슨해진 가슴과 현명한 머리는 아침에 대항한 어그러진 마음을 내려놓고 너그러운 저녁으로 마무리하는 재주를 부립니다.

　어둠이 이불처럼 거리를 덮었습니다. 지금 주어진 시간을 부정하지 않으니 당신과 함께했던 세월이 강물처럼 흐릅니다. 과거와 미래는 신의 영역이니 오늘만 생각하라고…. 눈부시게 아름다웠던 날들을 함께한 당신이 늘 나에게 주었던 말에 매달립니다. 주워 온 화분에 백량금을 옮겨 심었지요. 자춤거리던 생의 고비가 너그럽게 지나갑니다.

내려놓고픈 묵은 때, 애태운 은폐

2월에

    장애를 갖고 태어난 아이처럼 애초부터 날 수가 빈약한 달, 2월을 통과 중이다. 혹한이던 겨울도 거의 견뎌내고 있으니 쪼그렸던 가슴을 열고 굽어진 어깨를 편다.
    세월이 지나간 자리. 파리한 기운 걷어낸 주름진 손을 내려다본다. 뭉툭하게 불거진 손등 핏줄이 스스로 애처로워 바람이 두드리는 창가에 몸을 기댄다. 외로워하지 말자. 찬바람에 홀로 서 있는 이가 나 혼자뿐이겠는가. 밖에는 외따로 겨울을 버텨낸 백목련이 올해도 새롭게 태어나기 위한 준비 중이다. 붓을 닮은 꽃눈의 잔털이 가지에 매달려 세상을 꿈꾸고 있지 않은가. 여자는 머리를 다듬고 노인은 지팡이를 자신 있게 땅에 꽂는 봄이 가까워지고 있다. 겨울 이불이 무거워질 때이기도 하고 옷장을 정리하고 두꺼운 커튼을 빨아야하나 하고 올려다보기도 하는, 거추장스러운 것에서 놓여나 가벼움과 친해지는 달이기도 하다.

　창공에서 날아 온 까치 한 쌍이 번갈아 날개를 접는다. 창을 열어 마중하려니 찬 바람이 달려든다. 환청인가. 파닥거리는 날갯짓 소리 같기도, 바람 소리 같기도 한 울림이 귀에 닿는다. 이 나이에 감성이 염치없게 작동하고 오관의 감각이 일어나 삶을 노래한다. 윤회가 있다면, 죽어 다시 태어날 수 있다면 나는 바람이, 나무가, 그리고 새가 되고 싶다. 지금 그들 모두를 품 안에 두고 있으니 작금을 사랑할 수밖에. 올해는 2월에 윤달이 숨어든 해다. 음2월이 두 개이니 한 달은 외로움을 담고 한 달은 담담한 여백을 담아 편안한 봄을 맞을 수 있는 경계로 삼으리라.

　나의 한 살이 더해지는 출발점은 2월이다. 억지스럽지만 연어의 무리처럼 칠십 년 세월을 거슬러 올라가 보자. 한국전쟁에 부산 피난살이로 적산 가옥 셋방에 한 갓난아이가 누워있다. 저녁밥 하기 전에 태어난 2월 9일생의 계집아이, 매년 기억하고자 하는 나의 세상 맞이 역사다. 남다른 손금을 가지고 있는 딸이 걱정되어 어머니는 고등학교 졸업 무렵에 사주를 보았다. 평생 딸이 갖고 다녀야 할 마이크와 장구가 10개씩 있으니 팔자가 만만치 않다는 무속인의 말에 어머니는 가슴앓이하였다.

　딴따라 아니면 기생이 될 것이라고 기대와 걱정을 하면서 세월이 갔다. 피하는 방법은 공부를 많이 하고 되도록 혼자 살라는 처방이었다. 미신은 역시 미신일 뿐, 그러지 않았고 스스로 대견스러울 정도로 잘 살아오고 있다. 2월을 사랑한다. 세상에 태어나 머리를 곧게 세우고 만물과 교우할 수 있게 만들어준 달, 급기야 올해는 윤2월이 있어 손 없고 귀신이 붙지 않는 달로 어느 달보다 안전하지 않을까. 또한 생일상을 두 번 욕심내 볼 수 있고 핑계 삼아 보고 싶은 이를 맘껏 호출할 수 있으니 내 어찌 이 달을 사랑하지 않겠는가.

  폰이 울리고 비닐 온실 속 복숭아가 연분홍 꽃망울을 터트렸다고 전해 온다. 그녀는 만나자고, 이 소식을 기뻐하자고 한껏 들떠있다. 만남의 이유가 낭만적이어서 나는 깔깔 소리 내어 웃는다. 두꺼운 내복을 벗고 부드러운 우단에 안기듯 몸을 감싸고 밖으로 나선다. 며칠 전 봄이 시작되는 입춘이 2월 초입에 있었다. 무엇이 아쉬운지 여전히 추위는 물러가지 못하고 망설이고 있다. 심술궂게 몰아치는 찬바람에 몸을 맡기며 굴러다니는 마른 잎들을 보고 순응하듯 옷깃을 여민다. 복숭아나무가 헷갈렸나? 대동강 풀린다는 우수가 어제였는데 꽃샘추위로 투정을 부리고 있다.

  봄학기가 시작된다. 유치원에 몸담아야 하는 친구가 일을 시작하면 만나기 어렵다고 합세한다. 남편들과 같이 한자리에 모였다. 삼겹살과 막걸리로 함께 점심을 즐기고 헤어졌다. 함께 봄학기 한자리 그리고 2월이라는 말처럼 온기를 담아내는 단어도 흔치 않다. 참석하지 않은 친구의 뒷담화를 안주 삼고 '한 잔 더' 외치는 남편들의 술을 말리며 구박할지언정 그 또한 다정다감의 표시 아닌가. 정이 두터운 벗들의 소란이 벌써 그립다. 그들이 지나간 빈자리에 한기를 이기고 있는 2월의 봄기운이 설핏 느껴진다.

  2월도 절반이 지나갔다. 밖은 겨울의 퇴각이 완연하다. 햇살에 살이 찌기 시작하니 허물 벗듯이 겹겹의 옷을 하나씩 벗어 몸은 한결 가벼워진다. 애태운 은폐도 홀가분하게 내려놓고 싶다. 묵은 때를 밀고자 목욕통에 따스한 물을 받아 몸을 담근다. 거울에 서린 김을 손으로 지우니 뽀얗게 상기된 얼굴이 밝고 선명한 눈으로 자신을 응시한다.

속수무책 내 주어야 하는 나의 뒷모습

누군가 보고 있다

현대인의 염려 중 하나, 사생활 침해가 역대급이다. 급격히 발달한 과학으로 노출을 막을 수 없지 않은가. 그러나 잃는 것과 얻는 것을 따지는 눈치 빠른 현대인이 묵인하는 것을 보면 긍정적인 면이 많아서이지 싶다.

겉으로 드러나는 것이 일상화인 시대에서 은밀한 아날로그식 엽서와 편지를 사용하는 때는 끝나가고 있지 싶다. 그나마 인터넷 메일마저 뒤로 물러나는 느낌이다. 스마트폰으로 주고받는 실시간 sns가 성급한 현대인에게 깊이 자리 잡은 요즈음이지 않은가. 거리의 우체통도 많이 줄어 남아있는 것마저 고물상으로 넘어가지 않나 염려스럽다. 아파트 세대별 우편물함은 철새들의 연립주택이 이러지 싶은 후줄근한 모습으로 입구에 놓여 있다. 우리 집에 꽂혀있는 우편물은 대부분 카드 사용료에 대한 안내이거나 관리실에서 보낸 청구서, 관공서의 통지서, 광고지 등이다. 이웃집 우편함이 헐거운 것을 보니 그들은 대부분 우편물을 디지털식으로 받는가 보다. 나는 이메일을 자주 들여다보지 않기에 웬만하면 우체국의 노고에 의존하고 있다.

반갑지 않은 손님이 날아왔다. 경찰서에서 온 통지서다. 수취인이 관공서인 경우는 무슨 이유에서인지 껄끄럽고 불안하다. 주로 반가운 칭찬이나 안내보다는 공공적인 협조를 요구하거나 잘못함에 대한 통지, 체벌에 대한 경고가 많기 때문이리라. 마뜩잖은 마음으로 종이를 펼쳐본다. 예감대로 달갑지 않은 교통위반 청구서다. 내비게이션 사용으로 속도위반이 거의 없어진 지 오래인데 뜨악해하며 들여다본다. 사진은 터널 가까이 흰 실선에서 차선 변경하고 있는 차의 뒷모습이 찍혀있다. 불만이거나 승복할 수 없으면 경찰서 출두하라고 적혀있다. 번호판이 보이지 않지만, 흰색 차가 눈에 익다. 내 소유의 모닝이 맞는 것 같다.

한 달에 2~3번 김포에 사는 친구에게 자동차로 한 시간쯤 걸려 방문하고 있다. 같이 점심 먹고 낮은 산을 오르며 산책을 즐긴다. '세월이 우리를 속일지라도 슬퍼하지 말자'라는 식의 감성 코드가 맞아 문학, 책 이야기 등으로 대화를 이어가는 소소한 만남이다. 외곽 국도를 달리다 보면 굴을 두 개 지나가야 하는데 두 번째 터널 초입에서 찍힌 것이다. 대부분 번잡하지 않고 차의 흐름이 완만하여 차선을 변경하는 경우가 드문 곳이다. 터널 길이가 이백 미터쯤으로 짧고 단속카메라가 없는 곳이다. 따라오는 차가 작정하고 찍거나 블랙박스에 찍힌 것을 애써 꺼내 보지 않으면 나올 수 없는 사진 아닌가.

제보자는 진정 정의 사회 구현을 위하여 목격한 사실을 알린 것일까? 어디에 미운털이 박혀 번거로울 수도 있는 것을 신고하였을까. 잘못을 반성하기보다 누군가의 눈으로 포착되어 속수무책 내 주어야 하는 나의 뒷모습이 황당하고 어이없다. 언제 어디서든 실시간으로 노출되어 사진화 될 수 있다는 것에 개운치 않고 왜인지 억울하기까지 하다.

자신이 밝혀지는 것은 타인에 의해서만이 아니다. 자발적으로 자신의 일상을 sns에 올리는 것을 자랑으로 여기는 요즈음이다. '나 어때?'하며 타인에게 인정을 구하는 태도를 스스로 보인다. 대부분 따뜻하고 보람찬 신변을 알리는 모양새다. 물론 과시적인 면이 없지 않지만, 자기 자랑 시대이니 약간의 과장은 애교로 봐 줄 만하다. 표시된 내용이 우월하기도 열등하기도 하니 보는 사람들은 저도 모르게 비교하여 울기도 웃기도 한다. 나 역시 종종 유튜브에 들어가 그들의 사는 모습을 보며 웃고 따라 하고 지적질하며 세상을 살피고 있다. 모르는 것이 약이라는 말은 고릿적 이야기다. 모르면 뒤떨어진 사람이 되어 왕따 되고 불편하고 외롭다. 시대에 발맞추지 못하면 급기야 도태되어 지구 밖으로 밀려 버려질 것 같아 불안하기까지 하다. 그러니 남을 들여다보는 만큼 나 자신도 누군가 보고 있다는 것을 받아들이는 수밖에 없지 않은가.

CCTV가 언제 어디서든 감시하는 세상이다. 신상 털리기 수위가 점점 높아져도 적응력이 뛰어난 인간이고 보니 그 체감 또한 둔해져 그러려니 하며 살고 있다. 날이 갈수록 우리를 옭아매는 여러 매체의 눈은 여기서 그치지 않을 것이다. 그러해도 이 모두를 감당하고 넘어서며 살아내야겠지. 살기 위해 남을 감시하고 나 또한 내어 주어야 하는 것. 그러다 보니 폭력과 다정을 안고 피해자면서 가해자가 되는 우리가 아닌가. 지리멸렬한 채 그물망처럼 엉켜 살아가는 모습이지만 어쩌겠는가. 복속해야 한다면 서로 협조하여 되도록 아름다운 광경을 담도록 해야겠지. 언제 어디서든 누군가 보고 있으니 긴장의 끈을 놓지 않고 우아한 포즈를 취하며 살아야 하지 않을까. 피곤한 일이다.

  빛의 속도만큼 빠르게 발전해 가는 과학의 힘으로 내 시대에 사생활이 웬만큼 보장되는 사회로 다시 회귀할 수 있기를 욕심부려 본다, 두서없이. 통지서에 적힌 가상계좌에 벌금을 입금하며 마음의 앙금도 이체하려 애써본다, 부질없이.

미래의 청사진 속에서 과거를 내 편으로

철원 월정리역에서

　평야를 달리고 있다. 사방이 산으로 이어져 평평하고 넓은 땅이 빈곤한 우리나라의 특성을 무색하게 하는 곳, 철원이다. 바둑 모양의 잘 짜인 농지가 가득하고 탁 트인 대지를 자랑하는 곳, 우리는 철원평야라고 부른다. 철원안보견학을 핑계 삼아 봄나들이 겸 북쪽 한계선에 접근 중이다.

　'통일되면 이 땅은 금싸라기가 되겠네.' 하는 나의 속된 계산에 어이없다. '정신 차려라. 이 여자야.'라고 본인을 나무라며 비죽거릴 때 버스는 '민간인통제구역'이라는 팻말을 통과하고 있다. 오전의 봄빛이 그늘 없이 채워진 넓은 공터에 차를 세운다. 깔끔하게 복원되어 앙증맞게 단장한 폐역인 월정리역이 멀리 보인다. 제1코스였던 철원평화전망대에서 비무장지대와 북녘땅을 바라보고 왔기에 마음은 가볍지 않다. 분단의 아픔과 많은 이들의 영혼이 묻힌 곳을 두루 보았으니 긴장감 없이 마음을 풀며 다닐 수는 없지 싶다. 그러나 탁 트인 벌판과 따뜻한 봄볕의 자연은 여인네 마음을 서정적으로 만들기 충분하다. 게다가 올망졸망한 간이역 외관은 햇빛에 반사되어 예쁜 펜션 같은 모습으로 우리를 맞이하고 있지 않은가.

어찌하랴. 마음이 어느새 말랑하게 풀어지려고 한다. 북한과 대치 중인 곳, DMZ평화관광을 통해서만 볼 수 있는 곳이면 서정보다 국가안보, 통일, 전쟁의 잔해 등으로 서사적이어야 하지 않는가. 리모델링으로 말끔해진 시골 마을 간이역이 있고 오른쪽 입구 모퉁이에 월정리 전설의 달을 바라보는 소녀상이 있다. 모양새 없이 쌓아 올린 바위에 홀로 서 있는 회색의 눈은 지나는 이들의 무심함에 저 또한 표정 없이 하늘만 지긋이 응시한다. 잘생긴 구상나무에 찾아 든 손바닥만 한 새도 이 모두를 못 본 척이다. 침묵을 우선하는 곳, 따가운 햇빛마저 정적에 파묻혀 목가적 분위기에 녹아있다. 전쟁과 비무장지대를 곱씹고 희생자들을 추모코자 온 목적에 반한다고 못내 뜨악해 하며 월정리역에 가까이 가보니 그것만이 다는 아니다.

현대판 데크로 만들어진 계단을 밟고 올라가 역사 안을 통과하니 '철마는 달리고 싶다.'는 팻말이 눈에 들어온다. 어디로 가고 싶다는 것일까. 툭탁거리며 들어선 발이 잠시 주춤한다. 한차례 알싸한 바람이 코끝에 맴돌고 태극기를 앞에 달고 다가오는 기차 그림이 눈에 박힌다. 철마는 지쳐 보인다. 혁혁하게 달리는 기차 모습이었으면 좋았을 것을. 그림이 말해 주듯 강제 휴업 중인 역은 죽은 듯 가라앉아있다. 서울까지 104km, 북한 평강까지 고작 19km라고 당당하게 쓰여 있다. 여기서는 북한이 서울보다 지척이고 이웃이라고 주장하기에 알맞지 않은가. 사이사이 풀이 자라고 있는 철길이지만 때가 되면 일어나 제 몫 다하는 모습으로 변신하기를 기대해본다. 통일이 아니더라도 남북이 조금씩 서로 양보하면 끊어진 철길은 이어지지 싶다.

가끔 나는 이 부분에서 정치인들을 원망하고 한심해하고 지탄한다. 무엇을 어떻게 하는 것이 잘하는 짓인지는 모르지만, 그들이 잘만 한다면 중단된 기찻길은 이어지고 기차는 가곡역을 거쳐 월정리역에 설 수 있지 않을까. 다음 정거장은 철원역이라고 나긋한 표준어 방송에 북한사람도 안심하며 미소 지으리라. 끊긴 철도가 언제쯤 하나 되어 철마는 달릴 수 있을까. 내 생전에 기차를 타고 평양을 거쳐 시베리아로 달려, 유럽으로 마실 갈 수 있을는지. 꿈을 꾸어 보면 언감생심일까. 몽夢 마르다.

전쟁으로 파괴되어 전시된 열차 잔해가 철도 옆에 길게 누워 눈을 부릅뜨고 나무란다. 한국전쟁 당시 월정역에서 마지막 기적을 울렸던 대단한 녀석이다. 폭격당한 객차로 고꾸라져 형체는 없지만, 녹이 슨 수많은 총탄 자국은 선명하다. 옆에는 유엔군의 공격으로 부서진 인민군의 일부 화물열차가 골격만 남아 고철화되어있다. 잔혹한 역사의 유물이 영원한 평화를 갈망하는지. '잊어선 안 된다. 내가 아직 여기에 남아있으니 보고 느껴라. 철통같은 준비를 하여 미개한 전쟁을 막아서는 것이 무엇보다 먼저 아니겠느냐'고 시위하는 듯하다.

역사 왼쪽에는 '평화의 종'이 있다. 한국전쟁 당시 사용하던 탄피를 넣어 조성하며 민족화합의 염원을 담았다고 한다. 프란치스코 성인의 '평화의 기도'가 새겨진 비문을 읽고 마음이 숙연해지는데 안내인의 해설이 귀에 꽂힌다. 월정리역은 비무장지대의 남방한계선을 기준으로 최북단 역이라고 한다. 경원선 구간으로 전쟁 이전에는 철원에서 생산되는 농산물과 강원도 원산시의 해산물을 수송한 중요한 역이라고 설명한다. 철원은 평야가 드넓어 예나 지금이나 곡창지대로 알려져 있다. 전쟁 당시 철원을 빼앗긴 김일성이 안타까워 삼 일간 밤낮으로 울었다는 이야기도 전해진다. 울적했던 감정이 김일성의 통곡과 북한을 이긴 전쟁 승리 이야기에 얼굴이 밝아진다.

통일되면 여기도 아파트를 지으려나. 적어도 비무장지대만은 온전히 보존되어야 할텐데. 실수든 한시적이든 철길이 이어져 철마를 타고 들어가 원시적인 그대로 남아있는 비무장지대, 남과 북이 아닌 이름 없는 땅을 밟은 후 지구 반 바퀴를 돌 수만 있다면 내 생의 후반부는 멋진 마무리가 될 터인데. 이런 곳에서 이런 생각이라니 이기적인 상상인가. 죄책감이 올 때 변명이 뒤따른다. 나만의 생각이 아닐 것이다. 노년에 들어선 나이다. 시간이 없다. 전쟁으로 간 이들은 숭고한 호국영웅이 아닌가. 남은 이들이 그들 몫까지 열심히 산 후 저세상으로 가야 흡족해하지 싶다. 그래야 자신의 희생을 헛되지 않게 만들었다고 생각하지 않을까.

우리는 때때로 철원 월정리역 같은 곳을 방문하고 이런 주제로 이야기하며 오늘을 살아낸다. 미래의 청사진 속에서 과거를 내 편으로 만들며 잠시일지언정 모여 숙고하는 시간과 휴식의 시간을 갖는다. 상상과 현실의 불일치는 어디에나 존재하는 법, 철원 월정리역의 서정과 서사, 지금 감정의 혼돈 속에서 역사를 떠나고 있다.

기억 모서리에 고이 접혀있는 아름다운 삽화

한 여름날의 꿈

　도시에서 자란 아이에게 시골에서의 한때는 생의 소일거리 되어 아름다운 삽화로 남아 있다. 일생 언제 어디서든 꺼내 볼 수 있는, 마음 가는 대로 뻗어나가는 소나무처럼 사철 푸르름이어라.
　초등학교 6학년, 중학교 입학을 위한 공부에 매진할 때였다. 성적을 못마땅하게 여긴 어머니는 나에게 과외를 시켰다. 서로 다른 학교의 아이들이 모여 경쟁하는 곳으로 소위 우수반이라고 했다. 여자아이는 한 명이고 남자아이는 여러 명 있었다. 홍일점이던 여자아이는 잘 웃고 누구에게나 스스럼없는 말괄량이였다. 땋은 머리가 엉덩이까지 내려와 분방하게 찰랑거리니 그녀의 별명은 말띠였다. 그들은 일 년 넘게 더불어 지내온 사이라 늘 함께하는 단짝이었다. 나는 낯가림에 수줍음을 많이 타는 아이라 그들과 어울리는 것이 수월하지 않았다.

여름 방학 때였다. 과외는 가까운 시골로 이동하여 합숙하였다. 도시에서 자란 아이들은 호기심으로 환호하였다. 낮이 긴 여름, 새벽에 시작한 공부는 점심때 끝나 자유를 얻고 아이들은 신이 나 밖으로 내달린다. 양쪽 신작로엔 현기증 날만큼 키 큰 미루나무가 서 있다. 나뭇잎은 명랑하게 바람 따라 흔들리고 햇빛과 천진하게 어울려 반짝인다. 가지 사이로 새털구름이 지나가고 매미는 야무지게 울어댄다. 아이들은 매미보다 더 큰 함성을 내지르며 뜀박질한다. 우듬지에 걸쳐있는 새 둥지가 아우성에 놀라 떨어질까 봐 조마조마하다. 차가 드물어 텅 빈 아스팔트를 두 팔 벌리고 길을 활보하는 아이들. 까치들도 덩달아 나무의 넓은 잎을 박차며 날아오른다. 뜨거운 낮, 팬티와 민소매 러닝셔츠를 걸친 채 개울 물놀이에 시간 가는 줄 모른다.

거머리는 싫었지만, 논에 들어가 메뚜기 쫓는 일은 짜릿하다. 원두막에 모여 참외를 먹고 남자아이들은 뒤돌아서서 콩밭에 오줌을 갈긴다. 해가 산에 걸터앉을 무렵 공부방에 모여 갯가에 잠겨 있던 수박을 먹으며 눈에 앉은 졸음을 쫓았다. 어둠이 내리고 대청마루에 준비된 모기장 속으로 끼리끼리 눕는다. 전기를 아껴야 하기에 한밤중 백열등은 있으나 마나 장식일 뿐이다. 달빛에 드리운 사방 그림자가 아이들을 부드럽게 어루만진다. 하늘에서 쏟아지는 무수한 별을 지켜보며 저도 모르게 튀어나오는 천진한 말은 동시가 되었다. 선생님의 달걀귀신 이야기가 으스스하다. 삼베 이불을 머리까지 뒤집어쓰면 누가 먼저 잠이 들었는지 사방은 조용해지고 채깍채깍 시계 소리만 점점 크게 퍼져나간다.

공부도 따라잡기 힘들었다. 보름 가까이 그들과 동고동락하는 것을 마다하지 않고 따라나선 것은 남자아이 '주노' 때문이었다. 연심이었을까. 그와 다정히 말을 나누고 싶은, 야릇한 감성을 갖게 한 첫 번째 아이였다. 공부 잘하고 말이 별로 없는 녀석은 누구보다도 당당해 보였다. 초기에 학교 시험지 점수를 높게 조작하여 내밀려고 할 때였다. "그러지 마. 나도 해 봤는데 소용없어. 선생님은 다 알아." 나에게 말을 건 첫마디였다. 얼굴이 화끈거리고 창피했지만, 이상하게도 녀석에게 의지할 수 있는 따뜻함을 느꼈다. 그저 새로 온 아이에게 과시욕으로 한마디 했을지 모르지만, 어쨌거나 내 마음은 녀석에게 향하였다.

여름 방학 동안 시골집에서 매일 함께 밥을 먹고 공부하고 아침에 눈 뜨는 것은 꿈만 같았다. 그러나 녀석의 눈길은 언제나 말띠에게가 있었다. 그녀가 뒷간 갈 때면 사내 녀석이 문 앞에서 보초 서듯 기다려 주었다. 그 꼴을 보면 부아가 치밀어 내가 한다고 등을 떠밀기도 여러 번, 마음은 여름날 더위처럼 끓기만 하였다. 공부엔 관심 없고 잿밥에 정신이 팔리니 성적이 오를 리 없었다. 시간이 가면 갈수록 자신감이 떨어지고 움츠러들었다.

어느 날 주노와 말띠가 한편이 되어 메뚜기를 잡아 벼 줄기에 목을 줄줄이 꿰어 들고 다녔다. 그들 모습이 진저리났지만 뒤를 쫓았다. 시샘으로 무시하지 못하고 입술만 타들어 갔다. 살아 있는 생명의 목을 무자비하게 꿰다니, 울상이 된 모습이 재미있는지 되레 그들은 나를 보고 깔깔 웃었다. 오후 간식으로 튀긴 메뚜기가 나왔다. 한

두 마리도 아닌 이렇게나 많이, 아이들이 잡은 메뚜기였다. 기겁하여 연필을 주노에게 던지고 소리 내어 울었다. 분하고 끔찍했다. 처음에는 메뚜기 때문이었는데 갈수록 그것이 아니었다. 메뚜기를 맛있게 먹는 그들의 장난 섞인 모습에 서러움은 더해 갔다. 울음을 그치지 않으니 부담스럽던지 다른 아이들은 슬그머니 먹기를 포기하였지만, 주노는 약 올리듯 밉살스레 잘도 먹는다. 선생님이 내 앞에 있던 메뚜기 그릇을 멀리 치워 놓은 후에도 한동안 울음을 그치지 못했다.

  메뚜기는 한철이다. 내 마음도 한철인가. 주노에 대한 풋내 나의 연정도 설익은 과일처럼 스러져 갔다. 이후 녀석이 내게 관심을 보이며 '울숙'이라고 놀려도 대응하지 않았다. 보란 듯 녀석을 제외한 다른 아이들과 가깝게 지냈다. 그러니 성적도 오르고 말띠와 친해져 힘을 합하여 녀석을 골려주기도 하였다. 서로 무심한 채 청년기를 보내고 주노가 목표한 대학에 실패하여 재수하고 있다는 소식을 들었을 때 잠시 주춤하였다. 멈칫한 것은 고소와 동정이 버무려진 덜 성숙한 이성理性이었지 싶다.

  스마트폰 액정에서 자연을 배우는 요즘 아이들에게 이 이야기는 평행세계 너머만큼 먼 이야기이겠지. '라테는….'이라고 꺼내 놓을 수 있는 싱그러운 그때 모습은 한 여름날의 꿈이 되어 기억 모서리에 고이 접혀있다.

보편적 일상 속 특별한 사물 하나

손수건

  여름을 재촉하는 장대비가 온종일 온다는 일기예보로 미뤄왔던 옷방을 말끔하게 정돈하였다. 지난겨울 입었던 체크무늬 코트 주머니에서 찾던 물건이 나왔다.
  이번에는 구겨진 지폐나 영수증, 동전이 아니다. 자잘한 데이지 꽃무늬가 있는 손수건이다. 귀퉁이 올이 풀어지고 무늬가 희미해졌으나 손에 쥐면 온기를 느낄 수 있는 것, 어머니가 남겨준 유품으로 없어진 것을 안 순간 몹시 서운했었다. 한나절 장롱 서랍은 물론 사용하지 않은 가방, 주방 서랍까지 탈탈 털었는데 소중한 것을 잘 둔다고 하면 이런 낭패가 잦은 요즈음이다.
  처녀 때 어머니는 내 빨래가 재미있다고 표현하였다. 세탁을 위해 내놓은 옷 주머니에서 때때로 명함, 티슈 그리고 돈이 나온다고 하였다. '덤벙거리고 돈 챙길 줄 모르는 철딱서니를 어쩌면 좋으냐.'고 혀를 찾았다. 세 살 버릇 여든 간다고 했던가.

어머니가 세상을 떠나기 일주일 전쯤이었다. 바람이 아직 알싸한 초봄이었다. 어머니는 "창문 좀 잘 닫아라." 하시며 종이가방을 내밀었다. 덜컹거리는 창을 바라보는 메마른 엄마의 눈은 작은 까만 단추 같았다. 매년 여름이면 밥풀을 먹여 정성 들여 손질하고 즐겨 입으시던 개량 모시 한복 두 벌과 회색 모직 스카프 하나, 손수건 두 장이 들어 있었다.

"너 입어. 풀 먹여 곱게 입어."

"왜요? 여름에 엄만 어쩔려구?" 어머니는 입을 작은 조개 물은 듯 오므라뜨렸다. 마지막 미소였다. 지나가는 바람처럼 잠시였다.

손수건은 물방울무늬로 가장자리를 에워싼 옅은 하늘색과 꽃이 프린트된 하얀 것으로 모서리가 조금 풀어져 어머니의 흔적을 느낄 수 있었다.

사람은 누구나 어머니와 두 번 헤어진다. 한 번은 태아일 때 열 달 동안 어머니와 완벽한 한 몸이었다가 세상으로 나오면서 이별한다. 시작, 출발을 전제로 하기에 축복이라 하지만 아기는 나오자마자 날카롭게 운다. 첫 숨을 쉬는 것이라고? 그것만일까? 어머니와 헤어져 혼자가 되는 두려움에 대한 표시는 아닌지. 우리는 살아가면서 매일 이별을 경험한다. 시련을 겪든 안 겪든, 아픔이 크든 작든, 대상이 사람이든 사물이든 헤어짐이 삶의 한 부분으로 자리 잡는다. 그것은 나도 모르게 보편적 일상이 되어 웬만한 것은 당연시된다. 그러나 어머니와 두 번째 이별은 이 모두를 뛰어넘는다. 애를 쓰고 떼를 써도 반드시 잡은 손을 놓아야 한다. 후미진 자리에서 어머니와 한 몸이던 태아처럼 무릎을 동그랗게 끌어안고 어머니의 부재가 아득해져 생의 한 굴곡으로 남겨야 하는 것, 모두가 그럴 것이다.

발인 날 아침, 어머니가 주신 손수건을 챙겼다. 예정된 이별의 눈물을 위해 준비하였다. 까만 상복 소매에서 꽃무늬의 하얀 손수건을 꺼내 들었다. 손수건을 쥔 손은 떨렸고 손등 핏줄은 선명했다. 모서리가 풀어져 올을 묶고 또 묶는 손가락 사이로 눈물이 떨어졌다. 사용할 수가 없었다. 남겨주신 손수건으로 눈물을 닦지 못한 까닭은 무엇이었을까. 손때가 묻고 꼬질꼬질하게 구겨진 손수건은 돌아오는 내내 아픔과 위안이었다. 돌아와 세탁하여 다리미로 곱게 다려놓고 이별, 눈물에는 사용하지 않으리라 했다.

지루한 일상에 보편적 사물 하나가 안위를 주는 경우가 있다. 지난 겨울부터 어머니가 주신 손수건을 가방에 넣고 다닌다. 코로나로 마스크를 쓰고 다니면 입김이 서려 코와 입 주위가 콧물로 젖어 있는 느낌이다. 휴지를 마다하고 손수건을 사용하는 것은 환경을 생각하여 일회용 제품에서 벗어나고자 했던 작은 실천도 있다. 장롱에 파묻혀 있는 것보다 가방과 주머니에서 생활필수품으로 쓰며 가끔이나마 어머니의 현존을 체면 걸듯 우기는 것이 낫지 않을까.

세월이란 멈출 줄 모르고 지나간 일은 그 시점에서 움직이지 않는다. 슬픔이든 기쁨이든 대부분의 사물은 사연을 갖는다. 당신도 손수건처럼 과거와 닿아있는 물건을 찾아내어 조우해 보는 것은 어떨까. 너그러운 용서와 위안이 필요한 것이라면 더욱 말이다.

쓸쓸함을 벗삼고 소풍 다니듯 맛집을 찾아

혼밥

 나는 쌀에 기대어 자랐고 밥의 힘으로 살아가고 있다. 세월의 뜻으로 모두 떠나 혼자 먹는 밥이지만, 살아 숨 쉬는 동안 그에게서 도망치지는 못할 것 같다.

 아침에 일어나 신문을 집어 들고 식탁에 앉아 이리저리 뒤지다가 손을 놓고 쳐다보는 것은 냉장고다. 안에 들어있는 음식을 생각하며 아침상을 가늠해 본다. 부양해야 할 가족이 있을 때는 전날 저녁에 식단을 짜 놓아도 바삐 서둘러야 했다. 그러나 자신만을 위한 메뉴는 항상 비슷하고 있는 대로 때우므로 한갓지다.

 아들이 결혼해 나가고 남편마저 떠나고 혼자 남았을 때 먹거리에 연연하는 것은 청승맞고 면구하고 거추장스러웠다. 끼니를 한 접시에 몰아 주방에 서서 먹으며 얼굴만 한 창으로 보이는 세상은 깊고 멀기만 했다. 삼시 세끼가 가족과 함께 아니면 의미가 없다는 듯 건너뛰거나 들쑥날쑥 생활에서 자연스럽게 퇴색해 갔다. 식구와 즐겁게 같이 먹을 때는 식사였고 혼자는 끼니라고 해석하면 되려나.

어느 날 나보다 먼저 혼자 된 사람이 "어차피 살 거잖아. 혼자 왔다가 홀로 가는 게 인생길인데 혼자 밥 먹는 것을 그리 감상적으로 대할 이유가 뭐야?" 하며 자신의 식단을 공개하였다. 아침에는 좋아하는 채소를 찌고 단백질을 위하여 달걀 또는 소고기 조금은 필수라고 하였다. 점심은 샐러드와 과일을 곁들이고 저녁은 아침과 점심에 먹고 남은 것을 먹고, 없으면 떡을 대신하고 아니면 외식이라고. 일주일에 한 번 특별식을 준비하기도 한단다. 손쉬운 방법인 듯 정성스러운 식단을 공개하니 부럽고 창피하였다. 턱을 주억거리며 해보겠노라고 다짐했지만 쉽지는 않다. 그러나 일보 전진, 안정된 그의 모습을 닮고파 따라 하려고 애쓰는 중이다.

우리나라 식사 문화에 대한 역사를 보면 오히려 근대화 이전까지만 해도 독상이 기본이고 밥을 먹으면서 대화하는 것은 금기시되었다. 한국 전쟁 이전까지는 1인 1상이 원칙이었다. 전쟁 후 물자 부족으로 상 하나를 두고 온 가족이 함께 식사하는 문화가 정착되었고 지금까지 이어져 왔다. 요즈음 독신, 미혼, 사별과 이혼으로 1인 가정이 늘어나면서 혼자 밥 먹는 것을 이상하게 여기지 않는다. 사회에 위화감이 생기지 않으니 1인 식탁을 배치하여 혼밥을 배려하는 식당도 많아지는 추세다.

촌마을을 여행할 때였다. 혼밥 문화가 점점 퍼지고 있기는 하나 식당에서 혼자 밥 먹는 여자는 구경거리인 양 주시하는 것을 경험하였다. 그날도 남들 시선은 무시한 채 식탁을 혼자 차지하고 식사를 끝냈다. 여유 갖고 물을 마시며 주위를 둘러보니 낯선 남자들이 흘금거리고 있었다는 것을 알 수 있었다. 소싯적부터 배고픈 것을 참지 못하는 나는 길 가다 허기지면 혼자 들어가 밥 먹는 것이 아무렇지 않았지만, 그때는 여유와 멋이 있었고 지금은 생존과 청승인 것 같아 쓸쓸하다.

요즈음 혼자 외식하고 싶은 날에는 되도록 고급스러운 곳을 선정한다. 옷도 제대로 차려입고 단아한 표정을 유지하려 애쓴다. 구차하거나 적대감 무력감이 있는 날에 혼자 식당을 찾는 때는 거의 없다. 피로와 아픔은 집에 두고 다니자는 것이 원칙이다.

야채와 과일이 떨어져 점심시간에 마트가 있는 아울렛 식당가를 찾았다. 표정 없는 석상이 걸어 다닌다고 해야 할까? 할머니는 족히 90이 넘어 보였다. 동반자가 없는 혼자였다. 4층 전문식당가를 노인 혼자 찾아와 외식을 즐기다니 신선한 충격이었다. 키오스크를 외면하고 식탁에 서슴없이 앉는다. 전에도 이용했던 듯 종업원을 불러 능숙하게 카드를 주며 음식을 주문한다. 깨끗한 옷차림이다. 등을 덮은 쌕은 왜소한 몸피 위에 거북이 등같이 견고하게 붙어있다. 음식을 기다리는 동안 가방에서 수첩을 꺼내 무엇인가 메모하며 주위는 아랑곳하지 않는다.

식당에서 혼자 밥을 먹는 세대는 아닌데 남의 눈을 전혀 의식하지 않은 행동이다. 그 시대 외식은 누군가와 함께하는 것이 일상이었다고 생각이 든다. 식당은 친교 도모로 이용하던 때이고 혼자인 사람은 친구가 없거나 사회성이 떨어진 사람처럼 보였을 터, 혼밥은 눈치 보이고 남들 시선도 견뎌야 하는 독특한 행위였지 않았나 싶다. 지금 기품까지 느껴질 정도로 여유 있는 어르신의 행동은 주문한 음식이 비록 만둣국이지만 스테이크 못지않은 아우라이지 않은가. 할머니의 주문한 음식이 나왔다.

  고개 숙여 기도를 드린 다음 식사를 한다. 어르신의 턱관절이 부딪치는 것인가 싶은 덜커덕거리는 소리, 틀니가 맞지 않아 내는 소리 같다. 그래도 무정 무심한 얼굴로 노력 끝에 식사가 끝났다. 거의 드셨다. 보고 있는 나를 의식하고 있었던 듯 천천히 눈과 입을 닦으며 두리번거리지 않고 곧바로 나와 눈을 마주한다. 공감과 연민을 담은 눈은 초승달처럼 웃고 있다. 우화를 읽은 듯한 따스함에 나도 미소로 인사한다. 노인은 자신의 키만 한 지팡이를 짚지 않고 옆에 낀 채 조용히 나간다. 대리석에 닿는 지팡이 끝의 파열음이 시끄러워 나름 사람들을 배려하기 위함이지 싶다. 멋진 어르신이다. 세월아 네월아 천천히, 안전이 확고해야 다음 발걸음을 떼어 놓는다.

  누구나 거쳐야 할 길이 아니겠는가. 굳건한 연배 어르신을 보면 닮고 싶은 마음이 어디 나뿐이겠는가. 나의 혼밥의 끝을 보는 듯 가슴이 뜨거워져 뜬금없이 염원을 중얼거린다. 외로워하지 말고 혼자 먹는 밥일지언정 수저 놓는 날까지 소풍 다니듯 먹거리를 찾아 가볍고 정겹게 함께하기를.

자발적인 언어 금욕이 필요하지

초복 날 생긴 일

　친구 집에 초대되었다. 초복이라고 몸보신을 위해 작은 닭을 고았다고 한다. 혼자서 두 쌍의 부부 모임에 끼는 것이지만 스스럼없는 관계이고 사람이 그리웠던 터라 기꺼이 합세하였다.
　무더위가 제대로 기승을 부리는 날이다. 열은 열로써 다스린다고 했던가. 푹 고아져 김이 모락거리는 뚝배기 다섯 그릇이 상위에 올려졌다. 내 체온에도 도망가고 싶은 열기에 더운 음식을 먹어야하는 것인지. 오후 1시가 지나 배가 고팠건만 백숙은 좋아하지 않아 한 마리 도전은 무리였다. 양을 조절하느라 처음부터 덜어 놓고 시작하였건만 훅 올라오는 냄새에 질린다. 친구가 손수 만든 음식이라 배당된 것은 먹어야 하는데 난감하였다.
　먼저 숟가락을 내려놓을 기세를 본 이가 입맛에 당기지 않아도 몸에 좋은 것이니 노력해 보라고 눈치를 준다. 혼밥에 습관 된 나에게

쌍쌍이 앉아 입맛까지 공유하라는 것은 무리한 요구가 아닐는지. 그들에게 눈을 흘긴다. 더위를 무릅쓰고 정성을 다했는데 성의를 생각해서라도 남기지 말라고 다른 이도 은근히 거든다. 먹이고 싶은 마음이야 알겠지만 번번이 까탈스러운 나의 먹성이 미안하여 남긴 것을 집으로 가지고 가 저녁에 먹겠노라고 양해를 구한다. 입맛에 맞지 않는 식사가 이렇게 궁색한 변명이 필요한 것인지, 단촐하게 혼자 먹던 밥상이 그리워질 지경이다.

화제는 돌고 돌아 독특한 나의 사물에 대한 취향까지 이야기는 발전한다. '성깔이 그렇게 되어 먹은 것을 어쩌라구.' 내뱉지 못하고 꿀꺽 삼킨다. 내세울 것 없는 사람이 심하게 까다롭다는 식의 표현에 심사가 사나워진다. 참새에게 종달새처럼 울지 않는다고 타박하는 꼴이니 돌아설 수밖에 없지 않은가. 거칠어진 숨을 감추어야 하기에 자리에서 일어났다. 원인 제공자가 나라고 생각하니 찌증까지 겹친다. 찬바람 일으키며 물러 나오는 모습에 남겨진 이들의 표정이 어둡겠지. 참을성이 바닥 치고 있는 자신이 한심하지만 현장에서 벗어나는 것이 최선 같으니 어쩌랴.

손에 쥔 운전대에 힘이 들어가고 액셀러레이터 밟은 발이 부르르 떨린다. 뭘 그리 잘했다고, 또 뭘 그리 잘못했다고. 감정이 엉기어 머리에 쥐가 나 도중에 차를 길가에 세웠다. 하찮은 일인데, 왜 그리 참지 못하고 골난 아이가 되어 입을 빼물고 뛰어나왔는지. 자신을 채찍질해도 이미 엎어진 물이다. 햇빛이 강하게 얼굴을 할퀸다. 상관없다. 뚫려있는 길이면 어디든지 가보리라 하며 차를 버려둔 채 걷기 시작한다. 요즈음 경우가 조금씩 다를 뿐 돌아서서 하는 후회와 반성은 매번 이러지 싶다. 무엇 때문에 때때로 초조하고 관용과 관대에서 벗어나는지 따져볼 문제이다.

　나이 들면 남이 하는 말에 좌우되지 않고 중압감도 줄여야 하는데 그러기는커녕 눈치가 빤하여 건네오는 말을 가볍게 넘기지 못한다. 더욱이 타인의 실수를 그냥 넘어가는 경우가 드물다. 더구나 능청맞게 사람의 속까지 가늠하는 능력이 생겨 앰한 감정의 확장으로 속을 끓는 경우가 많다. 거기서 그치면 다행이지만 이따금 감정의 브레이크가 말을 듣지 않고 내달린다. '에라, 가는 데까지 가보자.' 식이다. 회가 거듭되어 습관화되면 고질병이 되고 문제 어르신으로 낙인될 것이다. 궁극에는 아무도 곁을 주지 않을 것이고 세상 끝날 때쯤이면 고독사, 혼자이지 싶다.

　세월이 더 가면 집에서 혼자 지내는 시간이 길어지는 반면, 사회생활이 줄어들 터, 그에 비례해 대처 능력은 낙제에 가까워지지 않겠는가. 새로운 모임이나 환경에 처해지면 잘해보고 싶은 마음에 과한 행동으로 여유는 감소되고 애가 탈 수도 있다. 에너지 소모는 심해져 심신이 녹초가 되겠지. 고조된 감정을 의식했을 때는 조절이 어렵고 허겁지겁이라 수습해도 체면은 말이 아닐 것이다. 마음 깊이 내려가 반성하지 않으면 골이 깊어져 메우기 쉽지 않아 치료 불가한 악성이 될 수도 있다. 전에 없던 과민으로 자기중심적인 사고는 줄어들지 않고 점점 피폐해질 터이니 말이다. 이성적인 반성과 대책은 그런대로 쓸만한데 실천이 문제이다.

한 시간쯤 지나 주차하고 있던 차에 당도하니 아파트 관리실에서 붙인 주차 경고지가 앞 유리에 있다. 오늘은 자빠져도 코가 깨지는 재수 옴 붙은 날인가 보다.

집에 돌아와 냉장고에서 맥주캔을 꺼내 화끈해진 볼에 대고 차오른 열기를 다독인다. 차디찬 냉기에 정신이 바로 선다. 목을 약간 뒤로 젖히고 숨이 차오를 때까지 맥주를 입에 쏟아붓는다. 입술에서부터 시작한 맥주의 냉기가 밑으로 내려가고 팔다리를 지나가 순식간에 알콜의 도착을 알린다. 자기 체면으로 오늘의 자책에서 벗어나야겠다. 맥주를 핑계 삼아 칼 선 가슴을 뭉툭하게 다듬어야겠다. 비겁하지만 취해보고자 한다. 핑곗김에 주량을 초과한다. 캔 하나만 추가하면 이루어지니 말이다. 술꾼이 된 기분이다. 마음이 느슨해지고 편안해져 웃기까지 한다. 모두 마시고 나니 좀전의 옹졸함이 슬그머니 백기를 든다.

소변 때문에 일어났다. 새벽이다. 머리가 지근거린다. 노트북이 켜져 있고 '초복 날 생긴 일'이 모니터에서 깜박거리고 있다. 초본을 읽어보고 소리 내어 웃는다. '자발적인 언어 금욕이 필요하겠구나. 좀 더 아래로 아래로 못난이가 되어 겸손하게 살아야겠구나.'라는 글에 밑줄이 그어져 있다. 알콜의 힘일지언정 자아를 찾은 듯하니 이어가야겠다. 자판 위에 손을 가볍게 올려놓는다.

무엇이든 태어날 때의 가치대로만 있으면

동전의 가치

　세상을 살아가는 동안 사람들은 일신상의 고난을 겪을 때, 처지와 형편을 탓하곤 한다. 사물이라고 다를까. 동전은 지폐와 달리 호주머니에서 찰랑거릴 때 존재감이 있고 만지는 촉감도 좋았다. 쓰임새 또한 편리하고 요긴했다. 어쩌다 그렇게 되었는지. 지금은 탄식도 잠식당한 채 사라져가는 유물이 되고 있지 않은가.

　내가 화폐로서 동전을 상용하게 된 것은 육십여 년 전 초등학교 5학년 때로 서울 마포구 아현동에서 용산구 후암동으로 이사한 이후이다. 부모님은 중학교에 입학할 즈음에 학교를 옮기는 것은 진학하는데 좋은 방법이 아니라고 대중버스로 통학하게 하였다. 그때의 버스 요금은 20원, 왕복 요금으로 10원짜리 동전 4개를 아침마다 어머니에게 받는 것이 뿌듯하였다. 주머니에 한동안 달그락거리며 서로 부딪치는 소리는 버스 통학이라는 고생을 잠시 잊게 해줄 정도로 미더웠다. 방과 후 집으로 돌아오는 버스정류장 어귀에 있는 아현 시장통을 통과할 때가 문제였다. 10원짜리 주전부리의 유혹은 외면하기 힘든 자신과의 싸움으로 어려운 산수 문제를 푸는 것만큼 힘에 겨웠다.

20원어치의 과자로 몽땅 입을 즐겁게 하는 날이면 집까지 십 리도 넘는 길을 걸어야 했다. 집으로 돌아오는 내내 후회하는 마음으로 자신을 구박하였다. 다음에 택한 것은 타협이었다. 10원만 주전부리에 쓰고 10원을 남겨 버스차장에게 할인하여 태워달라는 구걸이었다. 단번에 승차는 어렵지만, 마음 여리고 착한 사람은 있기 마련이다. 차장은 어린이 상대이긴 해도 어깨에 힘을 주고 우쭐하며 적선하는 양 태워주었다. 키가 훌쩍 커져 소녀의 모습으로 성장한 후였다. 여러 차례 승차 거부로 저녁 늦게 돌아오던 날, 부끄러움과 낭패감에 얼굴은 빨갛게 달아올랐다. 그동안 참아왔던 구겨진 자존심이 굵은 눈물방울로 변하고 밤새도록 열에 시달렸다. 이후 주전부리는 물론 구걸 탑승도 끝나고 체면 차릴 줄 아는 중학생이 되었다.

수년 전 필리핀의 마닐라 여행 중에 청년들이 동전을 벽에 던지는 것을 보았다. 동전 따먹기였다. 우리 동네에도 그런 놀이가 있었던 것으로 기억하는데 그마저도 100원짜리가 주인공이지 그보다 소액은 끼워주지도 않았다. 동전치기로 땡그렁 하고 땅에 떨어지는 소리는 동전이 자신의 가치가 몰락할 때 내는 울음이지 싶다. 무엇이든 태어날 때의 가치대로만 있으면 살아남을 만하지 않을까. 동전이 태어날 때, 동전 한 개로 주전부리는 물론 버스를 타고 연탄도 살 수 있는 생활의 기본을 담당하는 단위였다. 돈의 가치가 세월 따라 곤두박질쳐 동전은 제구실에서 벗어나 냉장고 혹은 신발 속 냄새 제거를 위한 방부제로 쓰일 때도 있지 않았는가.

돈의 가치가 낮아지면서 동전도 중요성이 떨어져 가고 있다. 마트에서 공짜였던 비닐봉투를 한동안 20원에 팔기에 쓸모가 있었지만, 일부러 가지고 다니지 않아 쓰임새가 궁핍했다. 그래도 돈인데…. 요즘은 현금카드 통용으로 동전 쓸 일이 없어 처치 곤란하니 버릴 수 없는 애물단지가 된 신세가 아니겠는가. 지금 책상 작은 서랍에는 5원, 10원과 50원짜리 동전이 사무용 집게와 함께 많이 모여 있다. 집게는 수시로 들락거리며 자신의 가치를 다하고 돌아와 다음 사용 때까지 기다린다. 그렇지만 동전은 마냥 그 자리에서 헤어나질 못하는 천덕꾸러기다.

어머니의 유품에 화투와 지갑이 있다. 지금은 구할 수도 없는 꽃을 수놓은 헝겊 주머니에 10원, 50원, 100원짜리 동전이 가득, 터지게 볼록하다. 평소에 주머니는 어머니 방 문갑 위에 방치되어있었다. 생전에 어머니는 노인정에서 알아주는 꾼, 타짜였다. 남달리 계산이 정확하고 눈치도 빠르다는 말을 들은 어머니였다. 동전 주머니를 들고 나가는 날에는 저녁에 뒤로 돌아앉아 어김없이 동전을 정리하고 바지춤 속주머니에 지폐를 넣으시곤 하였다. 그 모습은 은밀하면서도 당당하다. 매달 드리는 용돈을 받을 때는 시뜻한 표정이었지만, 당신의 화투로 벌어온 돈을 보는 눈은 형형하였다.

어느 날 노인정에서 돌아와 동전을 대야에 놓고 빡빡 문지르셨다.

"한번만 더 그래봐라 내 그 손모가지를 부러트릴 것이니깐." 목소리가 갈라져 있다. 그날 어머니의 화투판은 최고였다. 돈을 잃은 어르신이 화가 나서 어머니가 딴 동전을 빼앗아 땅에 던졌다고 했다. 그것을 주워 와 입에 담지 못할 욕을 하며 "네 꼴이나 내 꼴이나 똑같구나." 앰한 동전에 화풀이다. 길에 떨어져도 아무도 거들떠보지 않는 동전이 당신 닮았다고 한다. 그래서 열심히 긁어모아 당신만이라도 귀하게 여겨야겠다고 볼멘소리다. 이후에도 화투판 신바람은 계속되었다. 어머니의 동전 주머니는 항상 일정하게 볼록하고 동전의 주가는 최고였다.

동전의 가치를 높이는 방법이 없는 것은 아니다. 희소성의 가치를 생각해보자. 지금은 현금, 지폐의 가치도 크게 떨어져 있다. 화폐의 사용을 카드로 하거나 온라인에서 숫자로만 주거니 받거니 하기 때문이지 싶다. 더 이상 만들어지지 않아 제한되어 소액에 불과한 동전도 액면보다 훨씬 가치를 구가하는 날이 오고 있다. 지금도 수집은 많은데 공급이 거의 끊어져 희귀 동전은 그 빛을 보고 있지 않은가.

미래를 내다보셨던가. '어머니의 동전으로 이다음에 자손들이 부자가 될 수도 있지 않을까.' 미소 지으며 꽃주머니를 쓰다듬어본다. 어머니를 회상하게 하는 징검다리인 동전은 여러모로 최고의 보물이다.

수월한 생을 위한 지렛대 하나 있어야지

우울한 날의 랩소디

 엿새째 집에서 꼼짝 않고 있다. 백내장 수술을 핑계로 세상이 어찌 돌아가든 내 아는 바 없다고 우기는 중이다. 사람은 딱히 하는 일이 없을 때 더 지치는가 보다. 까닭 없이 무력해지니 며칠 만에 확 늙은 기분이다.
 폭설이다. 이상기온 때문인지 사방은 며칠째 가차 없이 얼어가고 있다. 나이가 드니 근력이 빠져 다리의 힘이 예전만 못하다. 반질거리는 거리에서 넘어질까 무서워 외출은 꿈도 꾸지 못한다. 밖에서 누군가 문을 잠갔는가. 스스로 발목을 묶었건만 오늘은 홀로된 그림자에 연민을 본다. 나의 실체 여부가 세상에서 잊히고 있는 것은 아닌지. 세간의 인정이 두렵기도, 그립기도 하다. '눈이 오는구나. 오고 있어. 나만 빼고 저희끼리 신바람을 내고 있어.' 창에 이마를 대고 노래하듯 흥얼거린다. 논리를 벗어나 다른 차원으로 날아가는 시詩처럼 생각은 파편이 되어 떠돌기 시작한다. 오전 내내 가슴에 책을 엎고 깨어있는 듯 자고, 자는 듯 세상이 흐릿하다.

　우울의 조건이 충분해지니 밖을 내려다보다 창을 열고 낙하하는 상상으로 이어진다. 생각할 겨를도 없이 미화된 망상으로 죽을 수도 있지 않은가. 연한 외로움은 갈망을 채우면 되지만 급류에 가라앉은 고독은 위험하지 않을까. 세상과 단절되어 무겁고 울울한 기운은 예수님을 생각한다고 해결되는 것이 아니다.

　수다할 상대를 찾아 전화를 걸어 보자. 내리는 눈에 관하여, 함께 커피를 마시며 듣던 음악에 대하여, 인사도 제대로 하지 못하고 헤어진 사람에 대하여, 뜬금없고 바람 같은 이야기라도 나누면 나아지려나. 다행히 그도 함께 공감해줄 만큼 쓸쓸한 상태였으면 좋겠다. 아니면 "무슨 귀신 씨나락 까먹는 소리야." 하며 귀가 멍하도록 핍박을 줄 수도 있겠지. 받아 줄 이의 감정까지 따지고 챙기는 것으로 보아 절대적 우울은 아니다 싶어 폰을 내려놓는다.

　막연한 외로움으로 한순간 죽고 한순간 살아나는 때, 감정의 굴절이 심하면 글이 잘 풀릴 수도 있지 싶다. 노트북을 연다. 손이 움직이고 눈이 따라가 몰두하면 우울 따위는 하찮을 수도 있지 않을까. 그러나 딱 한 줄, '편백나무숲에 딱 하나, 저녁놀에 비친 돌무덤처럼 나는 혼자다.'에서 커서는 깜빡이고 하염없이 앉아있다.

　사랑을 해보면 어떨까. 까만 터틀넥이 어울리는 남자와 함께 거닐면 따뜻한 온기를 느끼려나. 연애는 당장 할 수 있는 것도 아니고 때로는 눈물겹고 때로는 욕심껏 상대의 감정을 탐하며 넘나들어야 하지 않는가. 연모는 집착 덩어리인데 감수할 에너지가 나에겐 없다. 여행을 해 볼까. 삶을 사랑하고자 떠난 여행은 텅 빈 논밭에 홀로 서 있어도 춥지 않았다. 나만의 알맞은 형태로 오롯하기에 쓸쓸함과 외로움은 멋으로 다가왔지. 그러나 우울병 치료를 위한 여행이라면 동떨어진 낯선 곳에서 적막과 싸워야 한다. 고개가 절로 저어진다. 청소하고 살림을 정리하면 어떨까. 억지로 일하면 금방 지치고 드러눕기 십상이다. 단순한 것에 답이 있지 않을까 평범한 날의 어느 하루처럼 지내보자. 음악을 듣고 유튜브로 비트에 맞춰 춤을 추는 비보이를 본다.

  옷을 입었다 벗기를 몇 번, 갑자기 누군가 나타나 내 손을 잡고 끌어준다면 이렇게 사는 게 소망이었다고 고백할 텐데. 홈이 깊게 파진 운동화에 미끄럼 방지를 위한 두꺼운 헝겊을 동여매고 밖으로 나선다. 온 세상을 덮은 눈은 옅은 비취색을 머금고 빛나고 있다. 찬란한 반사에 눈이 절로 감긴다. 빈 뜰에 하나로 일치된 천운의 예술 같다고나 할까. 깨끗하다. 숫눈에 묻힌 사물은 순백의 조각이다. 갓 태어나 세상을 바라보는 아기 눈처럼 맑았다. 발자국을 깊이 찍어본다. 나오길 정말 잘했다. 나무는 가늠할 수 없는 눈의 무게를 감수하며 순도 높은 색으로 욕심껏 변신 중이다. 하얀 도화지 위에 그려진 모본처럼 확연하다. 도로 옆 숲 가장자리에 고양이 발자국이 눈 위에 어지럽다. 생존을 위한 다툼이었을까? 저들도 저런데 우주와 자연, 모두를 인식하고 있는 내가 우월한 존재 아니던가.

  쇼핑하면 우울은 어느 정도 회복이 가능할 수도 있다. 그것도 온전히 나 자신을 위한 구매라면 다는 아니더라도 기분은 나아진다. 마음에 들지만 미루어 왔던 옷이나 장식품이 세일이라도 하면 우울은 일시에 날아가기도 한다. 선물을 스스로 해보면 어떨까. 외로움을 위로하기에 적당한 것으로 말이다. 선물은 주는 사람과 받는 사람 모두에게 기쁨을 갖게 하는 행위이다. 주고받는 주인공이 나이니 기쁨은 배가 될 것이고 위안은 확실하지 싶다. 카드와 예쁜 포장도 준비하리라.

쇼핑몰로 걸음을 옮긴다. 두 번째 액세서리 공방에서 알맞은 것을 발견하였다. 팔목시계다. 직사각형 모양에 줄은 가죽으로 되어 고전적 감각으로 탄탄해 보인다. 한때 시계 모으는 취미가 있었던 터라 마음이 동한다. 선물은 아름다운 물건이라야 한다는 피천득 선생님의 '선물' 수필이 생각난다. 늘 소주를 먹는 사람에게 소주 궤짝보다 조니워커가 선물이 되고 필수품인 양말, 와이셔츠보다 넥타이가 선물로서 제격이라고 하였다. 착한 가격의 시계를 시작으로 진열된 다른 물건도 여유 있게 보게 돼 견물생심이 발동한다. 얼음처럼 차가웠던 손이 따뜻하다. 어찌 이리 변덕스러울 수가 있는지. 사람의 마음이 보이지 않는 무형이라 다행이다. 되살아나는 생기가 구체적 형상으로 보인다면 얼마나 우습고 넋 나간 여자처럼 보일까.

어차피 흐르는 삶. 잔잔하든 거세든 감정의 물결은 우리를 흔든다. 우울의 징검다리를 건너야 할 때 지렛대를 하나 갖고 있으면 생이 수월하지 않을까? 소유하고 있는 것을 솔직하게 사용하면 우울과 적당한 타협이 가능하지 싶다. 오늘 나에겐 쇼핑과 선물이 그러하듯 누구에겐 시詩, 음악 아니면 애인, 술 등이 그럴 수도.

아름다운 것만 보고 느끼고 생각하고파

생각의 틈

  섣달그믐날 오전 열한 시, 여자가 전무한 탁구장에서 한 시간 넘게 땀을 흘리며 탁구 쳤다. 가정주부면 응당 설 때문에 음식 준비로 한창 바빠야 할 시간이 아닌가. 며칠 전부터 허례허식에서 벗어나자고 다짐한 아들 덕에 얻은 느긋한 여유이다.

  케익을 사고 며느리와 내가 각자 집에서 두 가지씩 음식을 준비하자고 하여 평소처럼 하루를 시작할 수 있었다. 매년 이맘때면 좀 더 간편하고 여유롭게 보내자고 말을 앞세웠건만 좀처럼 실행하지 못하고 있었다. 날이 다가오면 정작 무엇인지 허전하여 이것만은 하자 하고 준비한 음식으로 일이 줄어들 기미가 보이지 않았는데 올해는 며느리의 허리 아픔을 핑계로 대폭 수정하기로 했다. 차례상을 받을 남편은 물론 식구들이 좋아하는 음식으로만 준비하자고 합의하여 하루 전부터 지지고 볶던 전례가 없어져 오늘은 느긋한 까치설이다.

구름 한 점 없는 하늘, 어제와 같을진대 새삼스레 올려다본다. 무한대의 넓은 공간은 옥빛으로 물들인 바다처럼 더욱 깊고 무구하다. 무시로 몰려오는 싸늘한 바람이 발을 재촉하는 듯하지만 상관하지 않는다. 생각의 전환으로 온 느긋함이다. 아파트 각 집의 창문을 통해 설빔을 준비하는 모습이 설핏하게 보이는 듯하다. 저마다 제 자리에서 최선을 다하는 사람들, 살수록 지혜와 총명해지는 그들 속에서 오늘도 나는 기꺼이 아웃사이더다. '모두가 똑똑하게 따지는 세상에서 못 본 척 어수룩하게 살고 싶다. 올해는 되도록 아름다운 것만 보고 느끼고 생각하며 살아 보자.' 하고 새해에 들어서며 한 살 더 먹어 낡아져 가는 나에게 위로차 친 결계가 아니던가. 반가운 손님이 오려나! 겨울을 견디려 헐거워진 벚꽃 가지에 염치없이 앉은 까치가 온몸을 드러낸 채 '까악 까악' 외친다.

  집의 도어록이 터치에 반응이 없다. 무엇이 잘못되었는지. 가벼운 건드림에도 반란하듯 일제히 깜빡이며 드러내는 숫자가 이리저리 만져도 묵묵부답이다. 두 배 세 배 힘을 모아 두들겨도 반응이 없어 아연하다. 얼마 전 친구가 남편과 함께 새벽 운동 다녀와 도어록의 고장으로 고생했다는 말이 생각난다. 오전 내내 밖에서 추위와 싸웠다는 이야기를 들었을 때 내가 아닌 것에 얼마나 안도했는지. 십여 년 전 친구와 나는 같은 시기에 집 실내를 새로 꾸민 적이 있다. 그때 도어록도 교체하였다. 친구의 집이 그럴진대 언젠가 나도 당할 수 있다고 생각되어 궁리하여 보았건만 뾰족한 수가 없었다. 멀쩡해 보이는데 새것으로 바꿀 수도 없고 만약에 일이 터지면 그때 가서 생각하자고 안이하게 버려두었다. 생활은 순번이 뒤섞일지라도 예정된 불상사는 비껴가는 적이 거의 없다는 것을 알고 있으면서도 늘 '설마'가 사람 잡는다.

　구정 전날인데 냉큼 와 줄지 의심하며 경비실에 붙어있는 열쇠 수리라는 스티커를 보고 연락하였다. 아저씨는 다른 한 집을 들러서 오겠다고 심드렁하게 대꾸한다. 추위가 기승을 부리지만 도리 없어 층계 난간에 기대어 창밖을 본다. 기다림에는 독서만큼 좋은 것이 없는데 책 한 권이 아쉽고 간절하다. 한기에 손과 발이 마비되어 가고 짜증은 머리까지 올라온다. 이왕 망가진 것이니 도어록을 힘껏 흔들고 손잡이를 돌려 혹시 열리지 않을까 요행을 바란다. 급기야 문을 발길로 냅다 차기도 한다. 만만치 않은 소음에 움찔 놀란다. 앞집은 못 들은 척이다. 눈인사만 하고 지냈던 터이니 도움을 청할 수가 없지 않은가. 아저씨가 올 때까지 체면 불고하고 들어가 몸을 녹이고 싶지만, 설 전날이니 평소와 다른 분위기에 가족이 모일 것인데 낯 두껍게 들어가기가 난감하여 포기하였다.

　두 시간쯤 지난 후 하수도 열쇠 수리라는 광고를 붙인 봉고차가 아파트 입구에서 멎었다. 얼마나 기쁘던지. 까치가 점지한 반가운 손님 맞듯 버선발로 마중 나갈 기세다. 그는 007가방 하나 달랑 들고 입구로 들어온다. 마스크로 온 얼굴을 덮고 챙 있는 모자를 깊게 눌러 썼으니 표정을 알 수가 없다. 독기와 추위로 빨개져 있을 나의 얼굴은 적나라할 것인데 말이다. 비용이 얼마 들든지 오기만 하라고 학수고대하던 마음이 잡아 놓은 고기라고 생각되었나 보다. 추위에 와

준 것에 대한 감사 인사가 먼저인데 "비용이 얼마나 들까요?"라고 말해버렸다. 너무 속물 같아 아차 싶었지만 어쩌랴. 그때에서야 생각나는 단어 '아름답게 아름답게'이다.

그럴 줄 알았다는 듯 남자는 못 들은 척 한두 번 도어록을 건드려 보고 벌쭉하게 쳐다본다. 진단은 끝났고 여차하면 돌아갈 태세로 가방을 닫는다. 그는 외면한 채 "고치기 힘들어요. 기계를 통째로 바꿔야 합니다."라고 숨 한번 쉬지 않고 잘라 말한다. 오늘 같은 날 불러놓고 먼저 돈이나 따지는 여자하고 무슨 말을 섞고 싶겠는가 반성하며 '아름답게'를 다시 되뇐다. 공손히 손을 앞으로 모아쥐고 나긋하게 말을 건넨다. "추운데 섣달그믐 날 오시게 해서 죄송합니다. 너무 추워 짜증이 났어요. 집에 들어가 따뜻한 차 한 잔 마시고 싶습니다. 부탁드려요." 아저씨는 말없이 마스크를 내리고 작업을 시작한다. "너무 오래되어 부품을 구하려면 며칠 걸려요. 연휴에다가 내일이 설날인데 밖에서 지낼 수 없잖아요. 바꾸시는 것이 훨 낫습니다." 부드럽게 변해 있다.

소음이 있어도 앞집은 요지부동이고 윗집에서 나와 "고생하시네요." 하며 말을 건네주니 체면이 살고 훈훈하다. 오 분 남짓 용쓰고 볼트를 푸니 거짓같이 문이 열리고 집의 온기가 반갑게 달려 나온다. 당황했던 좀 전이 서러워져 눈물인지 콧물인지 훌쩍이며 손등으로 훔친다. 남자도 외면하며 멋쩍게 웃는다. 기계를 교체 중인 아저씨께 유자차를 대접하며 너스레를 떤다. "그래도 오늘 이런 일이 생겨서 다행이죠. 내일 설날 아침에 그랬으면 정월 초하루인데 재수 옴 붙는 거잖아요. 아저씨도 새해 첫날부터 오시기 난감하실거고." 아저씨는 "그럼요. 그럼요. '내년 초부터 아주 좋은 일로 시작하려고 액땜하는구나 하고 생각하세요." 하며 곰살맞게 맞장구를 친다. 나도 아저씨처럼 "그럼요. 그럼요." 하며 장단을 맞춘다. 공감이 형성되었다. 나는 그에게, 그는 나에게 좋은 사람으로, 아름다운 한해로 마무리하는 중이다.

아름다움이 별거냐. 조금 더 무뎌지고 기다리는 여유를 가져야겠다. 잘못이 있더라도 살다 보면 그럴 수 있다고 생각의 틈을 넓히면 넉넉함이 스며들겠지. 어떠한 걱정과 고통도 세월의 덕으로 지나갈 것이라고 알고 있으니 내일은 밝음이리라.

4부

변하고 있는 중

그늘진 심정에 불 질러 버려라

속아도 꿈결

J야, 기어코 떠났단다.

어제 낮부터 갈까 말까 망설이며 준비한 짐을 들고 단호하게 집을 나섰어. 사람이 세상을 등지면 그쪽으로 가려나. 해가 지는 곳, 서해로 가기로 했지. 세상이 험악해져 여자 혼자는 무리라고 말리는데 고집을 부렸어. 당일에 돌아오지 않고 잠자고 오는 여행을 해보리라는 나와의 약속을 실행하고 싶었단다. 남편은 떠났고 이제 생을 홀로 감내해야 하잖아. 안타까워하는 이들의 눈에서 벗어나고 싶다고나 할까. 타인의 생각은 부서질 것이고 실천은 어떤 말보다 강력한 언어니깐.

창을 열고 운전하며 쏟아져 들어오는 공기를 깊이 들이마셨지. 시원한 바람이 필요했어. 불안했거든. 늦가을 바람이 형상도 없이 차안으로 들어와 퍼지고 망설임 없이 사라지네. 지금 듣는 음악 같아.

감정의 선을 올리려고 비트가 강한 음악을 틀었어. 리듬 따라 고개를 까딱이며 즐거운 여행을 하겠다고 나 자신에게 주문했지. 너도 알 거야. 외로움을 떨치고 싶은 의식적인 행위라는 것. 당진에 진입하면서 음악을 바꾸었단다.

유튜브에서 가을방학의 「속아도 꿈결」을 찾아 블루투스에 연결하여 연속 들으며 액셀러레이터를 밟았지. 이 노래는 이상의 자전적 소설 『봉별기』에 나오는 대목이야. 기생 금홍이가 타고난 바람기를 어쩌지 못해 임과 이별하며 노래를 부른단다. '속아도 꿈결/ 속여도 꿈결/ 굽이굽이 뜨내기 세상/ 그늘진 심정에 불 질러 버려라' 볼륨을 높이고 음 이탈을 무시하며 목청껏 따라 불렀지. 어제 내게 왔던 모든 것이 속은 것처럼 시나브로 사라진다는 것을 인정하고 무심하려고 해. 실감 난다. 결국, 혼자잖아.

햇빛에 반사되는 바다가 보이기 시작했어. 먹고 싶은 대로 먹고 가고 싶은 데로 가고 그러다 길을 헤맬 수도 있겠지만, 같이 하는 이가 없으니 상대에게 의견을 묻거나 미안해하지 않아도 된단다. 누구의 눈치도 보지 않고 생소한 곳에 머무를 수도 있어. 시시때때로 이랬다저랬다 하는 변덕스러운 감정을 숨기지도, 해명하지 않아도 되잖아. 움츠리지 않고 기를 한껏 펼 수 있는 것은 홀로 여행의 매력인 것 같아. 그러나 얽매임이 없다고 다 좋은 건 아니야. 녹슨 낙엽이 엉겨붙어 굴러가면 빈 들에 버려진 듯한 한기가 갑자기 몰려들기도 해. 홀로 남은 자의 쓸쓸함이겠지. 애달픈 그리움을 꾹꾹 누르고 있었던 게야. 부드럽게 휘어지는 길에 창을 열고 바람을 동무로 갈무리하니 남편이 달려들어 왁자하게 안아주는 느낌, 애욕이 남아있나. 육신이 짜르르하네.

　오후 두 시가 넘었어. 낭만도 배고픔에는 어쩔 수 없나 봐. 굴 메뉴로 도배한 한적한 식당이 눈에 들어왔단다. 굴밥집 앞에 계집아이가 인형을 아기처럼 끌어안고 중얼거리고 있어. 이 싸늘한 날에 길 위에서 재래식 소꿉놀이라니, 동무도 없이 혼자 즐기는 모습이야. 열중하고 있는 아이와 넓은 주차장에 끌려 차를 세웠지. 손님 맞으러 나오는 아주머니의 배가 만삭이더라. 여자아이는 탄생할 아우의 누나 노릇에 매진하는 중이래. 보름 후면 삼 남매가 된다니 애국자 집안이 아니겠니. 내 딴에는 혼밥이 미안해서 가장 비싼 굴밥 정식을 주문했지. 아주머니는 일행이 없냐고 뜨악해하더라고. 혼자에게 내는 반찬이 너무 많아 가성비를 따지면 일인 손님은 환영받지 못하겠다는 생각이 들었단다. 어쩌겠어. 뱃속은 아랑곳없이 꼬르륵거리고 저녁때 또 어찌 될지 모르니 먹어야지.

　모닝콜 소리에 깊은 잠에서 순하게 깨어났단다. 숙면은 정말 오랜만이야. '세상의 모든 아침은 다시 오지 않는다.'라는 말이 생각났어. 일출을 보기 위해 창문을 열어놓고 커피를 준비했지. 해안가에서 아침에 무언가를 기다려야 한다면 단연 바다에서 떠오르는 태양이 아닐까 싶어. 얼마나 멋진 풍경이야. 너랑 속초에 갔을 때 잔뜩 흐린 날씨로 해는 구름에 숨어 나오지 않았잖아. 지난봄이었지 아마, 기억나니?

　서해안에서 어떻게 일출을 볼 수 있냐고? J야, 서해안의 지도를 보면 해안선이 들쑥날쑥하잖아. 내가 묵고 있는 호텔이 서천 바닷가 해안선이 불거진 곳이거든. 안내인에게 물으니 여기서 일출을 볼 수 있다는 거야. 연말에는 이 방이 부르는 게 값이라고 자랑을 한껏 하더라. 서천에서 일출을 볼 수 있는 유일한 방이라나! 알람을 해놓고 기다렸지.

아침 7시 5분, 창 너머로 무채색을 벗고 있는 바다, 밤새 어둠을 거름망으로 깨끗해진 바다 같아 순박해 보였어. 기다림의 끝은 꿈을 토해내는 한숨 같은 것이야. 한껏 들이마시고 가슴이 부풀어 오르고 견딜 수 없을 때까지 가야만 제대로 된 숨이 터져 나오는 것. 살면서 몇 번은 이런 한숨을 게워 냈었지. 그이가 이마에 첫 입맞춤을 해주었을 때, 아이가 눈을 맞추고 처음 '엄마'하고 불렀을 때, 양쪽 가슴이 저리도록 벅차올라 조심스럽게 숨을 몰아냈지. 넌 어때? 기억해 봐. 기다림에 답을 해준 꿈같은 것들, 쫄깃해진 마음 끝에 평화를 안겨준 깊은 숨의 전말을 생각해 보라구.

갯벌을 지나 하늘과 맞닿아있는 곳에 작은 거북이 등을 닮은 섬이 보여. 그곳에 숨어 가뭇하게 떠오르는 종지만 한 해는 평온하고 얼마나 예쁘던지. 시계는 7시 8분을 지나고 해는 웅장하고 화려한 것을 기대했던 것과 달리 겸손하게 조금씩 바다를 물들이며 떠올랐어. 그 속으로 거침없이 부상하는 아침 새와 황금색으로 젖어가는 갈대는 어떻고. 꿈결 같은 세상은 내가 안을 수 있는 것으로 가득해 보였어. 자연도 상대적이라는 것을 알았지. 이 순간 나는 축복에 가깝게 갈 수 있었고 자연은 그런 나 때문에 존재하고 매력적으로 된다는 것이야.

  계절, 음악, 갈대, 새, 바다, 그리고 태양. 집으로 돌아가는 동안 내일이면 '꿈속에서 본 것이 아닌가'라고 할지도 모르는 것을 열거 중이야. 「속아도 꿈결」에 나오는 노랫말처럼 멋진 책을 읽다가 맨 끝 장을 덮는 기분이야. 무슨 소리냐고? 글쎄, 길지 않은 시간이었지만 고스란히 나만을 위하여 누구의 도움도 없이 맛본 여행이잖아. 속았던 것이 아닌가 싶은 것들, 지금 턱을 살짝 들고 나에게 머물렀던 세상을 보고 있다는 이야기야. 꿈같아.

용서는 편안한 여생을 위하여 필요한 수순

선산에서

    조카는 할머니가 꿈에 나타났다고 했다. 지긋이 자신을 바라보다가 사라졌다고 한다. 찾아뵙지 않아 섭섭한 모양이라고 산소에 가자고 한다. 부모 없이 할머니의 손에 자란 큰조카는 누구보다 애틋하다. "복권이라도 사지 그랬어." 꿈꾸지 않는 나는 무슨 꿈을 꾸든 듣기만 하면 복권 사라라 하고 있다. '꿈은 무조건 길몽' 고집한다.

    선산은 의정부시 민락동에 있다. 우리는 그곳을 송산이라고 부른다. '조'씨 성을 갖은 사람들이 집성하여 살았던 동네이다. 조상 위로 거슬러 올라가면 가족이었을 사람들이기에 길에서 낯선 이를 만나면 자연스레 인사를 건넨다. 먼저 도착하여 한가로이 멀리 보이는 산을 굽어본다. 능선은 완만하다. 미세먼지로 맞은편 풍경이 안개 덮인 듯 아득하다. 흐릿하게 아파트들이 산 아래에 포진하고 있다.

    얼마 전까지만 해도 우거진 숲으로 경관을 뽐내던 곳이었는데 금

나와라 뚝딱처럼 온 세상이 자고 깨면 산림은 사라지고 건물이 높이 솟구치고 있다. 얼마 후면 여기도 그리되리라. 선산은 봄을 맞은 잔디건만 검불이 남아있어 아직 까칠하다. 어머니와 아버지가 계신 평평한 봉안묘를 손바닥으로 쓸어본다. 어머니는 만족하고 계실까? 아버지와 재회는 반백 년만인데 서로 알아보긴 하였는지. 아버지가 진하게 안아드려야 하는데 그러하셨는지. 홀로 두고 일찍 떠나 편치 않았다고, 생전에 마음고생시켜 미안하다고, 포옹만큼 용서를 구하는 마음의 표시는 없지 않은가.

아버지는 육십도 안 되어 세상을 달리하였다. 모든 이에게 다정다감하고 마작과 바둑 두기, 구슬픈 유행가 부르기를 좋아하던 낙천적인 분이었다. 그러나 한창때가 지난 중년에 한 번의 외도로 어머니의 가슴에 쓸쓸한 바람을 남겨주는 우를 범하였다. 그 시대 어설픈 지탄만 감내하면 되는 때이어서일까. '집 밖에 애인 두기'는 아버지 역시 남정네였기에 큰 죄의식 없이 행하지 않았나 싶다. 대가 치르는 벌처럼 얻은 중풍으로 못난 모습을 남긴 채 환갑을 두 해 남겨 놓고 어머니의 고생을 덜어주듯 투병을 짧게 하고 아버지는 떠났다.

어머니는 고된 병간호를 묵묵히 해내었다. 한약을 달이고 침 치료를 위하여 걷기 힘든 분을 부축하며 한의원에 가는 것을 일상으로 삼았다. 평소에 누워 지내기 좋아하던 아버지는 불편해진 몸을 일으키며 어머니의 잔소리에 대꾸 없이 따라주었다. 몸과 마음이 예전으로 돌아갈 수 없는데도, 지팡이 든 손에 물집이 잡혀도 그냥 모른 척 살아주었다. 나는 '살아주었다'라는 문장에 힘을 주고 싶다. 아버지는

선산에서

어머니를 위한 배려처럼 하자는 대로 최선을 다하는 모양새였기 때문이다.

어머니는 전근대적인 생각을 가진 여인이어서인지 도리를 내세웠다. 어쨌거나 아내가 남편에게 마땅히 해야 할 도덕 같은 것이라고나 할까. 약한 이를 돌보는 것이 애정이니 동정이니 따지지 않고 인간애만큼 이유가 되고 변명이 되는 것이 어디 있으랴. 사고를 쳤든 바람기가 있었든 집으로 찾아온 병든 생명을 돌보는 것, 더욱이 아이들의 아버지이고 남편이지 않은가. 아버지를 보내고 어머니는 편해 보였다. 당신이 행한 인간애와 도덕심에 대한 자부심이랄까. 용서는 편안한 여생을 위하여 필요한 수순이라는 생각이 들 만큼 아버지에 대한 미련과 원망은 없는 듯 보였다.

선산이 재개발 지역으로 묶였다. 죽어서도 조상은 적지 않은 보상금을 자손에게 안겨주었다. 멀지 않은 산을 매입하여 모두를 이장하였다. 아버지의 백골은 깨끗하였다. 어머니는 하얀 가루를 보고 자손을 위하여 다행이라고 안심하는 눈치였다. 그리고 구십 팔세의 나이로 아버지 곁에 묻혔다. 눈웃음이 매력적인 중년 남자와 백 세를 이 년 남긴 굵게 주름진 여자와의 간극은 하늘과 땅 차이일 터이다. 생전에 아버지의 외면이 있었는데 바싹 늙어버린 어머니의 모습에 어이없고 기다림이 허무하여 돌아서는 해프닝이 있으면 어쩌나. 아니겠지. 천국이 괜히 천국이겠는가.

묘에서 떨어진 그늘에 돗자리를 깔고 하늘을 보며 가족을 기다리다 깜빡 졸았다. 저세상 청사진을 꿈꾸는 나에게 면박을 주며 "이년아 재밌냐?" 어머니의 해학적인 미소가 보이는 듯하다. 무표정한 아버지도 쥐어박으려는 듯 손을 쳐든다. 피하려다 돗자리 끝으로 밀려난다. 눈부신 햇살에 머리를 쳐드니 도착한 조카가 묘의 제례석에 향을 피우고 있다.

"나 꿈꾼 적이 없는데 오늘 꾼 것 같아. 내려가면 복권 사야겠다."
"고모, 낮 꿈은 개꿈인 거 몰라?"
"설마 오십 년 만에 딸에게 온 아버지가 빈손으로 올까?"
햇살이 발끝에 머물러 발가락이 스물거린다.

원망, 미움은 자신을 깎아먹기만 할 뿐

아테의 사람들

 어처구니없는, 억울하다는 상황을 겪으면서 나름 터득한 것이 있다. 남을 미워하지 말자. 왜냐구? 염오는 맹목적이고 상대는 알지 못하는 멍청한 행동이지 않은가. 끙끙 앓으며 감정을 소비한들 스트레스만 쌓이고 그에게는 아무 영향이 없지 싶다. 우리는 때때로 타인의 가벼운 행동이 분하다고 미움과 원망으로 대처하는 아테의 자손이 아니겠는가.
 길에서 기다린다는 언니의 급한 전화를 받고 나갔다가 돌아와 주차하는데 중년 남자가 다가온다. 나는 따가운 시선을 의식하고 주춤한다. 그는 내 차를 유심히 이리저리 들여다보더니 오라고 손짓한다. 위세가 당당하여 지레 주눅 들었다. 그는 형사처럼 위아래를 훑더니 조금 전에 사고 내고 뺑소니치지 않았느냐고 다짜고짜 묻는다.
 30분 전 차를 후진하는데 오토바이가 뒤에서 급하고 아슬하게 비껴갔었다. 택배 배달이었다. 놀라서인지 차를 계속 후진하다 뒤에 주차된 까만 승용차를 건드린 듯하였다. 내려서 확인하니 아무런 자국 없이 멀쩡하다 싶어 별일 아니라고 우습게 생각한 것이 화근이었다.

 남자에게 배꼽 인사로 공손히 사과하고 차는 아무 이상이 없었던 것을 상기시켰다. 그는 아무튼 자신의 차를 건드리고 갔으니 도주라고 우긴다. 경비아저씨도 차를 여기저기 꼼꼼히 들여다보며 손을 맞잡고 공손하게 서 있다. "선생님 차나 여기 있는 차들이 블랙박스로 녹화하고 있다는 것을 알고 있는데 어딜 도망가겠어요. 이상 없는 것을 확인하고 갔는데요." 목소리가 갈라져 힘이 들었다. "암튼 차를 박아놓고 신고 없이 가버렸으니 뺑소니죠." 눈썰미가 곱지 않다. 보란 듯이 자신의 차를 여기저기 손으로 문질러 본다. 그는 뺑소니라는 말로 나의 생사여탈권을 쥐고 있는 듯 보였다. 입술이 말라 갔다. 먼저 이실직고하고 사과하지 못한 것에 대해 굽실거리며 사죄를 거듭할 수밖에 없었다. 모든 사고를 책임지고 변상과 보상을 약속하니 그제야 한 번 더 훑어보고 차를 타고 어디론가 가버렸다.

 같은 동에 사는 사람이라고 경비아저씨가 알려주었다. 조용하고 점잖은 사람이라고 덧붙이는 말에 나는 몰상식하고 부도덕한 여자로 낙점된 기분이었다. 겉으로 볼 때 기껏해야 나보다 훨씬 어린 오십대 중 후반이다. 무작한 남자에게 멸시당한 모양새가 아닌가. '원천적으로 내가 잘못한 거야.' 하고 마음을 추스르려 해도 명동에서 뺨 맞은 기분이다. 현관을 들어서며 신발을 걷어찬다. 경망스러운 자신의 태도가 못마땅하지만 이미 모양새가 밑바닥이지 않은가. 혀를 끌

아테의 사람들

끌 차며 소파에 주저앉는다. '어찌 알았을까. 주위에 아무도 없었고 차는 상처가 없었는데' 하는 생각이 미치니 의심이 들었다. 모든 이들이 짜고 나를 골탕 먹이고 있는 것이 아닌가 하는 끊임없이 커지는 망상으로 머리가 지리멸렬하다.

그에게서는 소식이 깜깜이다. 뭐 그리 잘못했다고 전전긍긍 기다리기만 해야 하는지. 날이 갈수록 잘못에 대한 반성보다 원망이 앞서갔다. '그래, 참지 말고 미워할 놈은 미워하자.' 하며 3일 동안 아테의 여신을 추종하듯 초조한 것이 짜증스러웠다. 아테는 인간을 현혹하여 미망迷妄, 어리석은 실수, 생각이 모자란 행동을 저지르게 만드는 그리스 신화의 여신이지 않은가. 빨리 해결하여 찜찜함에서 벗어나고 싶었다. 문제의 자동차가 주차하여 있는지 확인하였다. 변함없이 흠이 없이 온전하다. 너무 저자세로 비굴하지 말고 겁내지 말자. 지나친 굽신거림에 뼈저린 자책과 반성을 하며 어떻게 그를 대할 것인가를 놓고 마음을 다잡았다. 귤 한 박스와 올리브유 세트를 사 들고 그의 집으로 향했다. 초인종을 누르고 기다리는 동안 그때의 상황을 되새김하였다. 무례하게 굴 때를 대비해 대응을 어떻게 할 것인가를 경우의 수로 따져가며 정리하였다. 건방지게 나오면 이번에는 내가 먼저 경찰에 가자고 할 생각이었다.

문이 열리자 "안녕하세요."라는 말과 허리 굽혀 인사하였다. '어이게 아닌데, 벌써 꼬리를 내리면 안되는데.' 자신의 굽힘에 실소한다. 그는 무슨 일이냐는 듯 말갛게 쳐다본다. 가지고 간 물건에 시선을 두고 그런 배달시킨 적 없다고 하며 문을 닫으려 한다. 그는 내가 누군지 기억하지 못하는 것 같았다. '맙소사! 그동안 나는 혼자 무슨 짓을 한 거야?' 차 때문에 왔다고 얕보지 못하도록 힘을 주어 말하였다. 그는 내 말을 건성으로 들을 뿐 아니라 귀찮다는 듯 문을 닫으려고만 한다. 하물며 소식이 없으면 그만이지 무엇하러 여기까지 찾아오냐고 투덜댄다. 일단 일이 마무리되는 것 같아 안도가 되어 자신도 모르게 "감사합니다. 사과의 의미로 조그만 성의이니 이것을 받아주세요."라고 나긋하게 허리를 최대한 굽혔다. 그는 이마를 짚고 미간을 찌푸린 후 일 없다고 하며 물건을 밖으로 민다. 인사를 하려면 그 사실을 알려준 투철한 신고 정신을 가진 오토바이 택배 청년을 찾아서 하라고 한다. 문이 닫혔다. 닭 쫓던 개 지붕 바라보는 것이 이것보다 낫지 싶다.

그는 아무런 일이 없었다는 듯 편안하게 지내는 동안 나만 불안해하며 지옥을 헤맨 꼴이다. 그렇다고 왜 그동안 나만 속 끓여야 했냐고 따질 수도 없는 노릇 아닌가. 들고 간 깔보인 무거운 귤 상자마저 되돌려야 하니 힘껏 문에 패대기치고 싶었다. 오토바이 청년도 원망스러웠다. 멀쩡한 차를 놓고 재미 삼아 한 것 같은 행동을 투철한 신고 정신이라니, 자신의 정서에 따라 쥐락펴락한 감정 분풀이 대상으로 걸려든 기분이다. 삼 일간 내내 안절부절한 나는 또 어떻고. 우리는 가끔 그리스의 여신, 아테도 탄복할 만큼 어리석고 생각이 모자라 가벼운 행동을 일삼는 위인들이 아니겠는가.

'두고 보자. 꼰대 같은 이, 당신은 생전 이런 사고 없겠냐.' 구시렁대다가 손으로 입을 톡톡 때린다. 그래 보니 나만 손해다. 그만 털고

잊자. 원망하고 미워하는 것은 상대에게 아무 영향을 줄 수 없고 오직 자신만 깎아 먹는 짓이지 않은가. 가슴을 쓸어내린다. 때때로 사리에 어둡고 공허하여 실다움이 없는 것, 인간의 속성임을 어찌하겠는가.

이별의 슬픔은 견디는 것만이 능사가 아니야

변하고 있는 중

　신비한 어둠입니다. 오랜만에 깊은 잠 덕분인지 까맣고 차분한 공간에 다리를 뻗고 편안하게 떠 있는 기분입니다. 자신을 들여다보기에 딱 맞는 환경입니다.
　새벽 차가운 공기를 깊게 들이마시니 머리가 맑아집니다. 잠을 못 잘까 봐 멀리한 커피를 커다란 머그잔에 마련합니다. 커피도 나이 들면서 온 불면증으로 피하고 있을 뿐 기실 잠을 방해하는지는 잘 모르겠습니다. 잠시 요사채의 스님처럼 면벽합니다. 잊고 싶으나 가슴 밑에 가라앉아 있던 미망들이 멍 때리는 동안 슬그머니 빠져나가는 느낌입니다. 조용하고 잠잠한 시간, 이 시간을 사랑합니다. 자리를 고쳐 앉고 변하고 있는 중인지 나에게 묻습니다.
　연초에 봄이 오기 전까지 일부러라도 자신을 위한 생활 패턴을 만들어 보자고 하였습니다. 생각에서 행동으로 돌아서자고요. 보통의 삶을 의식하고, 자신만의 취향을 찾아 즐길 것, 누군가와 함께할 것, 말입니다. 그러려면 미식가처럼 맛있는 것을 찾아내고 자연을 즐기는 여행을 탐하며 마음에 맞는 이를 찾아 먼저 손을 내밀고 수다스러워지자고 다짐하였습니다, 남편을 잃은 외로움에서 오는 아픔을 적극적으로 피하자는 것이지요. 마주하는 사람들이 많이 밝아졌다고 하지만 내 속살도 우윳빛으로 되살아나고 있는지. '되살아나고'라는 단어에서 움찔합니다. 본래의 모습이 있기나 하였는지요. 아무튼 무엇이 달라졌을까요.

어제 낮에 있었던 일상도 가물가물합니다. 기억하는 기능이 제대로 작동하지 않으니 내가 나를 궁금해하는 요즈음입니다. 메모장을 펼쳐 보며 생각을 모읍니다. 며칠 전 광명시에 있는 기형도 문학관을 다녀온 기억이 납니다. 바람이 많이 불고 미세먼지가 안개같이 드리운 날이었습니다. 조그마한 책자를 뚝딱 만들어 가지고 온 선배 작가께 고마워하며 오랜만에 고속도로를 달렸습니다. 짧은 여행은 즐거웠고 새내기 문인들과 자신의 글을 낭독하는 시간을 가지니 보람이 있었습니다.

기형도는 연평도 바다 가까이에서 태어나 시흥에서 가난하게 머물다 30세에 세상을 떠났더군요. 글과 그림, 예술에 남다른 소질을 갖춘 분이 연세대 정치외교학과를 다녔다는 것이 의아했습니다. 그 시대는 작가들이 밥 먹기 힘든 세태였으니 그랬으리라고 추측합니다. 어쨌거나 가난은 물러가지 않았습니다. 안양천의 공장 굴뚝의 연기를 보고 시詩「안개」가 탄생 된 것이라고 말하니까요. 사랑하는 누나가

불의의 사고로 죽고 어두운 글들이 쏟아진 것도 감히 이해합니다. 저 또한 혼자된 후 무겁고 우울한 글이 많아졌으니까요.

그의 시「길 위에서 중얼거리다」의 첫 구절, '그는 어디로 갔을까'에서 숨이 막혔습니다. 죽으면 어디로 가 있는 걸까요? 그저 세월이 흐르고 서로 얼굴을 보지 못하고 같이 지낸 모든 날이 먼지처럼 흩어져 사라지면 끝나는 건지요? 떠나온 길은 돌아가면 되는데, 살아있기만 하면 말입니다. 아니라면 다음 세상을 희망합니다. 평행 세계 어디쯤에서 가신 이들이 기다리고 있으니 삶을 성실히 이행하면 만날 수 있는 포상이 주어지리라고 생각하고 싶습니다. 설마 가슴 아픈 많은 자국을 세상에 남겨놓고 찾아오는 이들의 심금을 울리면서 이 모든 것이 아무 가치가 없다고 하는 것은 아니겠지요. 남겨진 이들은 사연을 기억하고 의미를 부여하며 충실하게 살아가려 합니다. 나도 문학관의 작은 공간에서 써온 수필 한 편을 낭독하며 존재의 의미를 남겼습니다. 슬픈 나날이 잊힌 듯 천연스럽게 말입니다.

나는 늦깎이인가 봅니다. 어른이 지나 어르신이 되어서야 시간이 약이라는 말을 실감하니까요. 짝을 잃은 고통은 긴 세월이 지나야 거친 숨이 잦아들고 사람들 속에서 견뎌야 아무는 자리가 마련된다는 것을요. 이별의 슬픔은 견디는 것만이 능사가 아니라는 것도 알았습니다. 피폐한 삶 속에서 요절한 시인도 있는데 하물며 남편과 40여 년을 같이 하였으면서 나만의 족쇄처럼 오랫동안 칭얼거리며 산다는 것은 볼썽사납다고 돌아오는 길에 헛웃음을 지었습니다. 언제 또 변덕을 부려 나만의 통증이라고 엄살을 부릴지 모르지만, 지금은 그렇습니다.

방금 고요가 후퇴합니다. 밖에 차가 급하게 떠나는 소리, 혼자 앓고 있는 시간을 치유하듯, '붕' 하고 음파가 떠오르다 사라집니다. 시계는 다섯 시를 지나고 있습니다. 다시 평화…. 자신을 응시할 수 있는 시간, 혼자 있음이 위안이 됩니다.

밖을 내다봅니다. 건너편 아파트의 불이 하나 둘 밝혀져 있습니다. 외출을 생각합니다. 문학관 방문처럼 의미 있는 일이면 최상이지만 아니어도 나쁘지 않습니다. 오늘도 미세먼지가 만만치 않아 보이고 코로나가 극성이라고 하지만, 상관없습니다.

나는 변하는 중입니다. 이 땅에서 얼마나 많은 사람이 마주 보고 사랑하고 확신하고 소망하며 살아갈까요. 나는 누구보다 더 많이 떠들고 웃고 희망하며 열렬히 달려갈 겁니다. 그 속에서 미숙하여 다시 떠돈다 해도 괜찮습니다. 아침이 열리고 있습니다. 봄여름가을겨울의 노래 「외롭지만 혼자 걸을 수 있어」를 들으며 브로콜리 양배추 당근을 찜기에 올려놓습니다.

나도 좋고 너도 좋고

브런치 콘서트

 음악을 만날 때 대부분 사람은 행복해진다. 여름부터 매월 셋째 목요일에는 혼자 아트센터의 브런치 콘서트에 간다. 걸어서 갈 수 있고 티켓도 저렴하니 더없는 횡재 아닌가. 오늘은 올해의 마지막 무대이다.
 남편의 부재가 흐릿해질 법도 한데 홀로 찾은 첫 공연, 8월에는 즐겁지도 흔쾌하지도 않았다. 흙과 섞인 낙엽을 한 움큼 손에 쥐고 공중에 흩뿌리는 바람 같다고나 할까. 사라져 버린 것들, 상실과 존재하지 않은 것에 대한 서글픈 그리움, 남은 자의 쓸쓸한 외로움을 해결할 수 있는 것이 필요했다. 손쉽게 할 수 있는 것으로 혼자 잘 놀면 소멸은 아니어도 줄지 않을까. 단세포적인 생각에서 시작한 순례였다. 그래서 찾기 시작한 콘서트로 처음에는 그랬다.
 11월 마지막 주, 한 해를 마무리하기에 이른 감이 있지만 12월이 코앞이니 마음먹기 나름이다. 감성적 분위기에 걸맞는 우단으로 된 복고풍 옷을 골라 입는다. 머리도 세팅하여 신경 쓰고 한껏 매무새를 가다듬는다. 육신이 적당히 비어야 감성을 담을 수 있다고, 아침은 샐러드 조금과 우유 한잔으로 때운다. 공연장에서 브런치답게 약간의 케익과 차 한잔의 대접이 있으니 견딜만하다.

진행자는 하늘거리는 까만 실루엣을 입고 행복을 안내하는 미소로 무대에 서 있다. 메모를 쥔 손이 파리하게 흔들린다. 보랏빛과 흰빛의 조명은 보일 듯 말 듯한 떨림을 더욱 창백하게 보탠다. 침묵을 깨는 차분한 여자의 멘트가 무대를 가로지른다. "나와 타인을 인정하는 시간이 되고자 합니다. 콘서트의 타이틀은 '당신의 마음은?'입니다. 나를 가장 잘 아는 사람은 누구일까요?" 진부한 물음이다. 여기저기에서 "나요."라고 답한다. 뜻밖에 '엄마' 하는 포효, 망치로 때려눕혀야 하는 오락실의 고슴도치 튀어나오는 듯한, 쩌렁한 굵은 목소리에 숨을 훅 들이마신다.

옆자리는 비어 있고 끝자리에 홀로 앉아있는 남자다. 중절모를 쓰고 등이 조금 휜 듯한 자세로 아우라는 꼬장꼬장하지만 노년이다. 그 나이에 어머니도 아니고 엄마라니. 못 볼 것 본 듯 나는 미간을 찌푸리고 그를 바라본다. 남자도 그러는 나를 의식하였는지 자세를 고쳐 앉으며 내 쪽을 힐끗 쳐다본다. 혼자 왔다는 동질감 때문인가 그에게 고개를 끄떡이며 긍정의 표시를 보낸다. '으흠' 하는 헛기침이 크다. 무안함에 대한 상쇄고 혼자 온 사람의 허세다. 관중들의 왁자한 웃음으로 긴장은 풀어지고 무대는 이어간다.

플루트 기타 피아노 베이스 그리고 드럼의 조촐한 실내악은 가을 숲 같은 마음을 준비하게 한다. 대중음악에 접해서 살던 내가 올 초부터 한 단계 업그레이드 되어 공자왈 맹자왈 하는 기분으로 고전음악을 반년 남짓 정들이고 있다. 익숙지 않은 클래식인지라 진행자의 설명이 있어야 감흥이 더한다. 그동안 반복된 콘서트관람으로 눈으로 보고 듣는 생음악의 매력에 한껏 견인되고 있다. 더구나 현장 음악은 소리가 몸을 휘감고 청각뿐 아니라 오감을 깨운다. 피아노 건반의 움직임, 현악기의 선의 튕김, 연주자의 호흡까지 생생하다. 간간이 머리털과 피부까지 소름으로 도배되어 감성은 한껏 고조된다. 이는 입체적인 감각의 반란이 아니겠는가.

플루트와 재즈 피아노가 어우러지며 탱고를 넘나들 때 아일랜드의 어느 선술집에 내가 있다. 굵은 기둥에 기대어 술잔을 기울이고 있는 19세기 영화의 주인공이 되어서 말이다. 에고가 잠시 기를 죽이고 나이는 청춘으로 소급되는 찰나이다. 짧은 순간 힐링은 상한선이다.

마지막 선곡은 빌보드 차트에 10년 이상 등재되었다는 곡으로 멜로디가 친숙하다. 피크닉 모음곡으로 기타와 드럼 베이스까지 합세한다. 선율에 끌려 지휘자처럼 몸을 살랑이는 나는 노년이 아닌 아이돌을 따라다니는 십 대이다. 음악은 클라이맥스를 지나 바람 빠진 풍선처럼 갑자기 정지한다. 몇 초의 정적이 영원처럼 깊고 은빛 조명 아래 무대 위의 사람은 밀랍 같다. 곧이어 연주자들의 머리가 흔들리고 다시 음악이 크게 일어나다 사라진다.

관중의 함성이 잦아들길 기다리던 진행자가 차분하고 힘있게 손을 저으며 마무리한다. "나를 가장 잘 알고 가장 사랑해 주어야 하는 사람은 역시 나입니다. 있는 그대로의 나를 인정하고 조화롭게 유지하면 우리 모두 충분히 괜찮은 사람입니다. 옆 사람을 보고 다정하게 말하면 어떨까요. '아임 오케이. 유아 오케이.'" 라고 옆의 남자 어르신이 슬그머니 손을 내민다. "I'm OK. You're OK." 눈이 깊게 파진 주름 사이로 엷은 미소가 스친다. "저두요."라고 간단히 목례하며 악수를 받는다. 손이 따뜻하고 단단하다.

무대는 가라앉고 사라지는 관중을 잠시 바라본다. 머무르고 싶은 충족감, 매번 그랬듯이 팜플랫 말미에 간략하게 적는다. '피크닉 같은 즐거운 오늘. 충분히 괜찮은 하루.'라고.

신에게 까닭을 듣고 싶다

설움의 조건

　강화 해안도로를 달린다. 바다와 맞닿은 산 밑에 너울거리는 까만 점이 몸집이 커지고 수가 늘어나 무리를 이룬다. 기러기였다. 그들은 숨 한번 눈 한번 깜빡이는 사이 유유한 날갯짓으로 하늘을 휘감고 사라졌다. 가을을 깊게 만드는 철새들, 넓은 들판 위에서 나는 새들의 모습이 보고파 김포조류생태공원으로 차를 몬다.

　늦가을은 낙엽을 보고 낙망을 아파하는 이와 결실의 계절로 풍요를 즐기는 이로 불협화음을 일구는 은밀한 계절이다. 갖가지 색으로 수려해진 가을 숲은 가까이 다가오는 사람에게만 자신의 참모습을 보여 주는 듯싶다. 여기저기 가마득한 기운에 함몰하는 생명이 숨겨져 있지 않은가. 한강 강가의 늪지에는 말라가는 나무들이 끝을 감지하며 천천히 삭고 있다. 가지에 붙은 이파리는 색색으로 물들어 가고 더 나아갈 수 없는 몇몇 대항은 막다름에 몰려 허공에서 버둥거리다

툭 떨어진다. 단풍은 기실 다시 살아나기를 약속하며 소멸에서 벗어나기 위한 처절한 탈피 중이다. 땅에 뒹구는 낙엽은 생명을 포기한 마지막 모습인데, 세상에나, 아름다움으로 이만한 주검이 없다. 생명이면 누구나 이런 끝을 갈망하지 않는가. 왜 인간이 아닌 그들에게 복을 주셨는지 신에게 까닭을 듣고 싶다.

촘촘히 이어지는 갈대 사이로 빛이 굴절한다. 멀리에서 퍼덕이는 새들의 소리, 끼룩거리고 수런거리며 갑자기 땅을 차고 일어난다. 순차적으로 도약한 새들의 춤사위가 허공을 장식한다. 우두머리를 따라 한 곳을 응시하며 앞으로 나아가는 간격의 일정함이라니. 고수들의 날갯짓이다. 하늘을 가로지르는 기러기의 행렬에 저절로 눈이 따라붙는다. V자로 파란 항공을 가르며 부유하는 무리는 작은 물결이 일렁이다가 사라지는 파도 같다.

혼자 처진 외기러기의 고요한 비행, 가야 한다고 날갯짓은 하염없고 포기할 수도, 벗어날 수도, 도착을 미룰 수도 없는 모습은 시야에서 사라진다. 내 조그만 몸 하나 얹어 그와 함께 날면 떠돌이 행성 같은 적막을 이길 수 있을지. 바람에 일렁이는 머리를 쓸어올리며 두 손 모아 안녕하기를 기도한다. 하늘을 향해 한껏 쳐든 고개를 바로 할 때 낮잠에 깃들었던 몽리처럼 사위가 몽롱하다. 이마를 짚고 뛰는 가슴을 지그시 누른다.

남편과 사별한 후 유아처럼 나약한 겁보가 되었다. 화장실에서 볼일 보려고 바지춤을 내리다가 얼음이 되었다. 셀 수 없이 많은 다리로 변기를 타고 기어오르는 돈벌레 때문이었다. 전에는 이리저리 수

챗구멍으로 유인하여 물을 부어 단칼에 해결하였건만 웬일인지 그날은 엄지만 한 놈에게 질려 뻣뻣하게 굳어있었다. 녀석이 방향을 틀어 아래로 내려가는 동안 누구도 없는 거실을 쳐다보며 성근 비애悲哀는 목젖을 타고 올라왔다. 소리를 삼킨 듯한 고요 속에서 남편이 사용했던 긴 의자를 바라본다. 녀석은 움직임이 없이 정적만 키운다. 그이도 보냈는데 이쯤이야 하며 매몰찬 눈으로 주시하며 바가지를 찾는다. 위험을 감지하였는지 아니면 석고가 된 여자가 어처구니없고 안 돼 보였는지 머리를 여유있게 까딱이며 자진하여 하수구로 들어가 모습을 감추었다.

지난봄 홀로서기 실행으로 혼자 대전 장태산을 찾았다. 사람들에게 떠밀려 스카이웨이에 오르니 메타스퀘어의 우듬지가 바로 코앞에서 흔들리고 있었다. '아, 높구나.' 아래를 내려다보는 순간 잡아주는 누군가의 손이 간절히 필요했다. 아찔한 현기증으로 겁먹은 자신에게 혀를 차며 안전바를 잡고 돌아섰다. 고소 공포증인가? 이럴 수가. 이해할 수가 없었다. 공포영화나 유원지의 아찔한 놀이기구를 즐겼던 강심장이 스카이웨이 초입에서 다리를 후들거리며 도중하차하다니.

하소연을 듣던 친구는 이해도 용납도 안 된다는 표정이다. 누구는 면역력이 떨어졌기 때문이라고 하고 누구는 체력이 약해져서라고 했다. 하지만 나는 남편이 원인이라고. 이 모든 이유는 그가 세상에 없어 뒷배를 봐주는 사람이 없어서라고 고수한다. 억지가 아니다. 혼자는 그런 것이 아닐까. 천장에 고장 난 형광등 교환할 때 서럽고 누군가 인터폰으로 물어 오면 두려움이 앞선다. 가을도 풍성함보다 고독과 쓸쓸함에 연합한다.

  가을 숲과 들판 그리고 새 떼로 마음은 한층 깊게 가라앉는다. 머플러를 목 깊숙이 여미어도 바람은 가슴을 헤집고 헛짚은 마른 물웅덩이의 흙은 푸석한 먼지를 일으킨다. 얼른 내일이 오기를 기다린다. 시간을 이기는 설움은 드무니까. 세월이 빗자루가 되어 그르친 기억은 쓸어가 버리고 남아있는 온전한 내 편만 모아 안아보고 싶다.

  새의 날개는 노을로 붉게 젖어 들고 환영 같은 새의 무리는 머리를 밟고 사라지고 있지 않은가. 가을이 탈 없이 지나가기를. 철새들의 고향 착지가 무사하기를. 남편을 잃고 난 후 나는 그 어떤 것도 놓아주기를 마다하지 않는다.

  떠나고자 하는 것을 머뭇거리지 않고 무시로 놓는다. 세상이 뜻하는 대로 대항을 줄이며 살아가리라. 휘청이는 발끝에 달라붙은 검부러기를 무던하게 털어내며 손을 맞잡고 소원한다. 가속 붙은 시간을 염원하며 어떤 경우에도 무심하기를.

오늘의 걸음을 둔중함에서 가뿐함으로

감고당길

　봄빛이 도톰하다. 새침하게 속살을 드러내는 꽃들을 보며 움츠렸던 마음도 기지개 켠다. 나이 들어 추억 따라 가볍게 걸을 수 있는 길이 멀지 않은 곳에 있으니 행운이 아니겠는가. 감고당길은 행복한 순간을 기억하며 걸을 수 있는 몇 안 되는 길 중 하나다.
　살아있는 모든 것이 왕성하게 서로 교분을 나누는 사월이다. 남편을 잃은 달이기에 이맘때면 나는 감성의 장난으로 여겼던 고독, 외로움, 그리움 그리고 죽음 같은 확신 없는 단어에서 헤어나지 못한다. 신에게 딴지를 걸고 인간의 삶에 빗장을 지르며 심통 부리고 싶은 달. 아침에서 저녁으로 가는 시간을 토막 내고픈 잔인한 달로 잔풍에도 명치가 흔들리는 달이다.
　이제 놓여나도 되지 않을까. 바람이 없는 새벽, 성당으로 달려가 부활한 예수님과 약지를 건다. 일탈을 꿈꿔보리라. 봄비에 하루가 다르게 물오르는 나무처럼 싱싱한 오늘을 기약하리라. 멋스러운 옷을 갖추어 입었다. 혼자 할 수 있다고, 누구와도 타협하지 않고 즐거우리라는 다짐을 하고 길을 나섰다. 낯설지 않고 반겨주는 곳, 애수를 떨치고 스스로 위로할 수 있는 곳으로 가고 싶다. 고심 없이 방향을 잡았다. 인사동에서 북촌으로 가는 길목, 돌담길을 끼고 고전적인 분위기로 발 폭을 넉넉하게 내디딜 수 있는 곳, 청춘을 돌려줄 수 있는 마법 같은 곳, 감고당길이다.

감고당은 숙종의 부인 인현왕후의 친정이었고 비운의 왕비 고종의 부인 명성황후가 입궐할 때까지 지냈던 곳이다. 여걸들이 지냈던 터전에 세워진 학교, 덕성여중 고는 6년의 청소년기를 지낸 모교이다. 감고당길은 안국동 사거리의 풍문여고에서 덕성여중 고를 거쳐 경기고등학교까지 느티나무가 수줍게 넘나들던 돌담길로 교육로이고 십대의 길이였다. 맨발로 걷고 싶은 고른 아스팔트 길 위에 하얀 깃을 세우고 삼삼오오 길을 메우던 학생들은 어디로 잠적했을까. 세월의 수순에 따라 어김없이 고령이 된 나는 그들을 생각하며 오랜만에 설레고 있다.

길 위에 섰다. 안국동 사거리가 줄지은 차로 소란스럽다. 풍문여고는 어디로 이전했는지 교문은 간 곳 없고 넓은 광장이 세월의 무심함을 일깨운다. 코로나 이전에는 많은 국내외 여행객이 몰리고 젊은 연인들의 밀애 장소로 복작였지. 시간을 이겨낸 옛날 그대로 크지도 작지도 않은 담담한 길, 사람을 마법같이 정물화로 만드는 길에 장밋빛 햇살을 받으며 들어선다. 조각보 모양으로 이어진 돌담을 손끝으로 더듬으며 걸으면 어김없이 나타나는 잘생긴 나무가 여태 거기에 있다.

 길을 중심으로 왼쪽에 덕성여중, 반대편에 고등학교가 있다. 학교를 이어주는 구름다리 육교가 길 위에 생겼을 때 우리는 환호하였다. 수재들이 들어간다는 경기고 남학생들이 다리 밑으로 지나다니는 모습을 보고 '너희도 별수 없이 우리 발밑에 있다.'고 생떼 부리며 열등감을 치료하였으니 그것만으로 가치는 충분하였다. 모교를 지나니 카페 분식집 옷가게 떡볶이집 액세서리집 등이 옹기종기 모여있다. 튀김, 호떡을 먹기 위해 줄 선 풍경이 낯설지 않다.

 옷가게의 스피커에서 전에 듣던 '옛이야기'에 잠시 숨을 멈춘다. '손수건만큼만 울고 반갑게 날 맞아 줘'라는 노랫말에 눈자위가 젖는다. 따뜻한 위안의 말에 감정은 한없이 펄럭인다. 세월과 함께 만성질환이 되어버린 감정의 고갈이 잠시 치유되는 짧은 시간이다. 감고당길로 매일 등교하던 때였다. 박계영 작가의 『머무르고 싶은 순간들』을 읽고 또 읽었다. 슬프고 아름다운 이야기에 흠뻑 빠져서 현실 대부분이 낭만투성인 줄 알았다. 연애의 시작은 뜻하지 않게, 사랑은 운명적으로 오는 것이라고, 애태우는 사람 앞에서 죽음을 맞이하는 것을 어처구니없게 동경한 때가 있었다. 감정의 확산을 막을 수 없는 십 대는 그랬다.

 길 끝에 정독도서관이 보인다. 인재들이 모여 학구를 불태우던 경기고등학교는 현대식 도서관으로 바뀌었다. 교정을 잠식한 나무의 연두 잎은 마음껏 흐드러지고 분수대 옆 등나무는 새순을 준비하며 엉켜있다. 오늘의 여정, 감고당길이 끝이 났다. 파란 하늘을 반사하는 햇살이 머리에 앉는다. 찰라, 어느 한순간도 머물 수 없으리니 의식할 수 있는 한, 빛을 볼 수 있는 쪽으로 몸과 마음을 두고 싶다. 가방에서 김금희의 『복자에게』를 꺼내 들고 나무 밑 의자로 향한다.

 4월의 아픔은 아직 결리고 시리다. 상처의 잔영을 끌어안을 수 있는 여유를 갖고 싶다. 몸에 맴도는 바람은 따뜻하게 고통의 흔적을 잠시나마 여리게 유인한다. 감고당길은 역시 교육로라고 억지 부려본다. 일상에서 조금의 변화는 생의 활력소가 되고 가벼운 일탈은 나이 든 이에게 필수라고 가르쳤지 않았는가. 삶이란 과정의 연속이다. 오늘처럼 청승이 찾아올 때, 약간의 파격을 꿈꾸는 여인으로 생의 언덕을 넘고자 한다.

외모가 절정일 때 멈출 수만 있다면

외모를 위하여

  노년에 들어서니 살아갈 날이 짧아서인가. 무엇을 이루고자 하는 각오로 비장해지기보다 정리하고자 하는 마음으로 고요해진다. 그러나 겉모양은 나날이 변하고 있다. 안정되어 가는 정서에 반비례하여 내 모습은 처지고 왜소하다 못해 고약해지고 있는 것 같다. 가는 날까지 초연하고 단아한 모습을 갖고 싶다. 외모 지향적인 세태에 이만한 바람은 소박한 꿈이 아닐는지.

  의식적으로 생동감을 주어 멋진 모습을 갖고자 하지만 용기 부족과 굼뜬 행동으로 보완은 쉽지 않다. 변하는 외모 중 손대기 쉽고 만만한 것이 머리인지라 오늘은 미용실을 이용하기로 했다. 그 동안 집에서 앞머리만 대충 손수 다듬고 버텨 보다가 전문가의 손이 필요하지 싶어 작정하고 나섰다.

  단골 미용실은 차로 가야 하는 거리지만 한 달에 한 번씩 오 년 넘게 다니고 있다. 가까운 곳이 아닌데도 찾아가는 이유는 원장과의 인연이 각별하기 때문이다. 요양원을 운영할 때 그녀는 재능기부로 미용 봉사를 삼 년 남짓 하였다. 매달 이십 명 넘는 어르신들의 머리 미용을 혼자서 담당하였다.

어르신들의 요구는 만만치 않았다. '길게, 짧게, 앞머리를 내려라, 고두심과 똑같이' 식의 설교 같은 잔소리는 앞사람 미용을 참견하는 데 시작으로 당신 할 때는 절정에 달한다. 기저귀를 차고 누워서 계시는 분들이라고 미용을 우습게 보면 큰일이라는 이야기다. 갈 날이 가깝다 해도 여자는 여자, 머리에 대한 집착은 여전하고 떠들썩하다. 잠시 요양원은 여느 여인들의 매무새로 활발해진다. 미용 원장은 이러한 투정과 응석을 받아주며 어르신들의 미용을 해결하였기에 나는 은혜에 대한 작은 보답과 의리로 지금까지 찾아가고 있다.

미용실은 80년대식으로 요즘의 세련된 분위기와 사뭇 다르다. 사람들이 선호하는 카페 정취와는 거리가 멀다. 원장은 누구의 도움도 없이 혼자 미용실을 운영하고 있다. 손님이 많은 날은 차례를 오래 기다려야 한다. 미용을 위한 시간 투자도 만만치 않게 해야 멋을 살 수 있다. 재래시장통이니 간단한 찬거리를 사기도 하고 책을 가지고 가 귀퉁이에 앉아 독서를 즐기기도 하며 기다리는 시간을 활용하기도 한다. 오늘은 구십이 넘어 보이는 어르신이 파마하고 있다. 옛날이면 아름다움을 포기하고 뒷방에서 세월을 죽이고 있을 나이가 아닌가.

내 차례다. 커다란 거울을 통해 20분 남짓 자신과 직면한다. 같은 거울, 같은 의자에 앉아 머리를 다듬으며 달마다 변해가는 내 모습을 감상하는 모양새다. 머리는 반백이 훌쩍 넘어 염색하지 않으면 보기 민망할 정도다. 눈가와 입가의 주름은 늘어가고 팔자 주름 또한 깊어졌다. 어느새 이리 못쓰게 됐을까. 모든 세월이 강동 맞아 중간 없이 껑충 뛰어 처음과 지금만 존재한 듯 기묘하다. 언제까지 정한 모습으로 스스로 혼자 머리 다듬으러 다닐 수 있을지. 10년, 20년은 가능할까. 파마하는 어르신은 보자기 두른 머리가 무거운 듯 고개 떨구고 졸고 있다. 생도 지쳐 고개 숙일 나이, 나는 애잔한 미소를 보낸다. 깨끗하고 온전한 모습을 유지하고자 노력하는 모습은 삶의 고갯길마다 꽃피우고 싶은 우리네 소망이 아니겠는가.

  다듬기가 끝났다. 깔밋해진 머리, 출중하게 치장하는 건 아니지만 매달 하는 탈바꿈은 성공이다. 옆에 있는 어르신이 예뻐졌다고 추켜세운다. 말 한마디가 고마워 거울에 비친 그녀에게 찡긋 윙크하며 답한다. "원장님 솜씨가 짱이예요. 어르신도 파마가 잘 나올 거예요. 저는 할 수만 있다면 생머리 기르고 배꼽티도 입고 코도 세우고…." 어깃장이지만 진심이다. 어르신은 '그렇지 그래.' 하며 어이없는 표정으로 맞장구를 친다. 무인도에 혼자 살면서 화장하고 성형하고자 하는 사람은 없을 것이다. 보여주기 위해 사는 세상은 아니지만 더불어 살아야 하기에 남을 의식할 수밖에 없다. 제멋에 사는 삶도 좋지만, 세상 이목도 고려하며 살면 조화롭고 다툼 없이 평화롭지 않겠는가.

  요즈음 사람들은 아이돌들이 구별하기 힘들 정도로 서로 닮았다고 언짢아한다. 나이 든 어르신도 젊은이 못지않게 서로 비슷한 모습으로 꾸미면서도 흠을 잡는다. 백발이어야 하는 나이에 염색으로 까만 머리 일색이다. 듬성듬성한 눈썹은 문신으로 뚜렷해져 건강해 보이고 너나 할 것 없이 깔끔하다. 외모에 정성을 쏟는 친구를 만나면 정신이 번쩍 든다. 성형에 대한 부정적 편견은 용기가 없는 나의 방편인 것을, 그녀와 비교하며 돌아서는 나는 초라하다 못해 우울하기까지 하다. 노력 없이 자연스럽게 늙어가자는 평소의 생각이 얼마나 시대에 뒤떨어진 꼰대인지. 성형이 정형화하고 있는 이 시대에 공자님이 '사람의 신체는 부모에게 받은 것이니, 이것을 손상시키지 않는 것이 효의 시작이다.'라고 주장하고 나서면 따돌림당하지 않을까. '머리 나쁜 여자는 참을 수 있지만 못생긴 여자는 참을 수 없다.'라는 말이 일색인 요즈음이다.

세월 따라 늙어도 좀 더 잘 보이고자 하는 마음은 인지상정이지 싶다. 어머니 시절 환갑만 넘으면 파파 할머니가 되고도 남았다. 세상이 달라졌다. '나이 들어 보이지 않는다. 동안이다.'라는 말은 누구나 듣고 싶어 하는 말이다. 젊은이들이 멋과 아름다움을 찾아다니는 것처럼 어르신도 나름 젊어지고 싶어 방법을 강구하고 있다고나 할까. 노년에 들어선 사람들도 자신을 위해 살아야 하는 호시절이라고 하며 아름다움을 지키고자 꾸미며 치장에 공을 들인다.

외모에 집착한 사람들에게 가장 큰 형벌은 아마도 늙어감일 것이다. 누구에게나 공평한 세월을 벗어나 노쇠에 맞설 수 있는 사람은 아무도 없다. 죽는 날까지 그 사람의 됨됨이를 결정하는 것은 내면의 인격이지 싶다. 나이 들어 왜소하고 늙은 외모일지언정 안정되고 빛나게 하는 모습이 있다면 내면에서부터 나오는 아름다운 품성이 있기 때문이리라. 그것은 성형하듯 하루아침에 이루어질 수 없는 것, 아름다운 노년을 맞기 위해서는 외모만큼 아니, 외모보다 더 시간을 갖고 공들여 가꾸어야 하지 않을까. 그러나 '기왕이면 다홍치마' 내면과 외면이 조화롭게 아름다우면 금상첨화가 아닐는지.

외모가 절정일 때 멈출 수만 있다면 세상이 끝나는 날까지 되도록 정한 마음과 모습을 유지하고 싶은 것은 나뿐만이 아닐 터이다. 마음은 평생 다듬어야 한다. 외모는 짧게나마 집착하면 대가를 준다. 그러니 노력할 수밖에 없지 않은가. 대단한 단장은 아닐지라도 노추老醜를 늦추고자 미용실 이용은 물론 더 나은 삶의 질을 위하여 외적 자존심도 지켜내야 하지 않을까.

❀ 날아가는 새는 뒤돌아보지 않는다는데

꿈꾸는 여생

  뒷산, 함봉산에 올랐다. 젊은이 못지않게 발은 빠른 편이고 마음 못지않게 힘도 청춘이라고 자부한다. 이 긍지가 언제까지 계속될지. 살아있음에 육체를 떠난 정신은 없으리니, 이만큼의 건강에 감사하며 맑은 정신으로 내일을 꿈꾼다.
  나뭇가지에 앉아있는 까치가 꼬리를 까딱거리며 이쪽저쪽 탐하고 있다. 날아드는 또 한 마리의 새, 연인인 듯 서로의 부리를 쫀다. '무슨 말을 하고 있니. 세월의 뜻으로 나는 혼자인데 너희는 눈을 마주하고 연을 이어가며 세상으로 나아가겠지.' 짝을 잃은 치명적인 약점에 자긍심이 잠시 고개 숙인다. 함께 가지를 차고 한 방향으로 날아가는 새의 모습을 올려보다 구름 없는 하늘에 머문다. 날씨가 쾌청하다. 그러면 되었다. 살아있음을 의식 할 수 있는 존재면 되었다. 더 무엇이 필요할까. 아직 나는 건강하게 우주에 속해 있고 마음을 먹으면 무엇이든 대부분 할 수 있지 않은가.

오월의 햇빛이 이파리 사이를 비집고 들어와 마음을 밝게 비춘다. 오늘의 삶이 곧 미래의 삶으로 이어지리니. 파란을 꿈꾸듯 눈을 감고 지금의 나를 다독여 남은 생을 힘세게 만들어야겠다. 나이 드니 아름다움에 대한 향수와 멜랑콜리는 체면 불고하고 전유물이 되었다. 고령에 들어섰구나. 얼마 전까지 아직은 아니라고 우겼다. 육십 후반이 되어도 돈벌이인 경제 활동을 하였고 몇 시간 걸어도 팔팔하였다. 노인의 전용인 만성질환도 없었다. 친구들이 무릎 통증, 전신 쇠약, 치통 등 물귀신처럼 잡아당겨도 외면하며 '나의 길을 가련다. on my way'를 부르짖으며 잘 버티고 있었다.

그러나 딱 거기까지만인지, 작년 봄부터 갑자기 눈이 침침해지고 시력이 나빠지는 것을 실감 나게 느껴야 했다. 시야가 흐리고 글자가 점점 춤을 추고 책과의 거리를 이리저리 조절하여도 마땅치 않다. 꾹 눌러 참고 독서를 진행하면 얼마 지나 머리가 지끈거린다. 병원을 찾았다. 녹내장이라고 했다. 요양원 근무하였을 때 앞이 안 보이는 어르신은 거의 녹내장으로 온 실명이었다. 겁나고 막막하여 며칠을 전전긍긍하였다. 1차 병원을 지나 3차인 여의도성모병원을 찾아 확진하고 나서야 미련을 버리고 마음을 잡았다.

나이 들어서인가 현실 부정보다 긍정이 빠르다. 안과 질환이 더 일찍도 늦게도 아닌 지금 온 것에 감사한다. 다행히 초기를 지나고 있는 단계라니 실명까지는 세월이 꽤 남아있지 싶다. 완치 없는 병이지만 열심히 싸우면 나빠지는 속도는 늦춰질 것이고 생전에 앞 못 보는 일은 없을 것 같다. 그렇다면 빨리 죽을 이유도 없지만 죽음에 연연하지 않아도 될 이유가 생긴 것이다. 백세시대라고 한다. 칠십 퍼센트를 살았다. 쨍쨍하던 젊음이 어느 사이 꿈처럼 지나가 버렸다. '그동안 무엇을 했지?' 세월을 머뭇거리다 모두 어디에다 뿌려놓은 듯 잡히는 것이 없지 않은가. 여기저기 물어보니 다들 그렇단다. 나만 그런 것 아니니 다행이다. 옛말에 늦었다고 할 때가 가장 빠르다는 말이 있지 않은가. 눈이 더 나빠지기 전에 남은 세월 무엇을 하고 싶은가 하고 자문해본다. '다가오는 모든 것에 만족하고 순응할 줄 아는 노인이 되고 싶다.'라는 객관적인 답을 생각한다.

너무 막연한가? 그저 편안하게 살고 자족할 줄 아는 이가 되어 유유하게 흘러가고 싶다는 것이다. 그렇다고 지금 불편하다는 것은 아니다. 버거운 새로운 도전으로 몸과 마음을 혹사하고 싶지 않다는 이야기일 뿐이다. 세월 따라 변하는 건강은 감수하고 남은 여정에 나타나는 문제는 욕심 없이 순응하자는 신조가 아니겠는가. 그래도 구태여 인생 종 치기 전에 구체적인 무언가를 이루고자 한다면 남편이 글로 적잖이 남겨 놓은 인생관을 책으로 엮어주고 싶다. 어떤 언질이나 유언이 있었던 것은 아니지만 당신의 글을 정리한다면 반대하지 않을 것 같다.

아름다운 것, 의미 있는 것이 있으면 제일 소중한 사람이 곁에 없다는 사실에 명치끝이 뻑뻑해지곤 한다. 나 또한 글을 쓰고자 하니 제일 먼저 보여주고 싶은 사람은 남편이다. 그는 깐깐한 촌평으로 나를 애먹이긴 하겠지만 글 하나하나에 토를 다는 모습은 상상만 해도 그리운 장면이다. 지금 생의 즐거움인 글쓰기도 남편에 대한 마음이 색깔을 달리하며 때때로 나타나고 있다. 그가 내 안에 오롯하게 존재하는 한 앞으로도 그의 참견은 계속될 터이다. 내가 쓴 글과 그의 글을 콜라보하여 책을 엮는다면 그의 존재가 추상에서 벗어나 곁에 있듯 실감 나겠지. 그러니 공유할 수 있는 무언가가 있다는 것에 보람을 갖고 공동 집필해 보리라 꿈꾼다.

서두르지 않을 작정이다. 내 인생 끝나는 날까지 가지고 가면 그것도 좋다. 상선약수上善若水라고 했던가. 작업을 놀이 삼아 유희같이 즐길 것이다. 애쓰지 않고 흐르는 대로 살고자 하는 마음이니 유작으로 놓고 가도 그만이다. 능력에 맞게 자족할 줄 아는 여생이 되고 싶으니 어영부영 '우물쭈물하다가 내 그럴 줄 알았어.' 하며 누구의 묘비명처럼 될지라도 괜찮다. 세상에 존재하는 무엇이든 영원한 것은 없지 않은가. 내가 끝이 있듯 세상이 끝나는 날이 오겠지. 그것이 내 시대이든 천년 후이든 능력에서 벗어난 것이면 순응할 수밖에 없지 싶다. 우주도 사라질 때가 온다고 생각하는데 사람들 기억 속에서 멀어져 잊힌들 어쩌겠는가.

날아가는 새는 뒤돌아보지 않는다고 했던가. 유한한 생, 현재만 존재하리니, 어떤 변화, 환경에든 '나 자신, 지금, 여기'에 맞게 분수를 지키며 만족할 줄 아는 삶이고 싶다. 그러나 쉽지 않을 터, 그것이 멜랑콜리다.

내달리던 글쓰기의 막힘, 멈춤과 뒷걸음질

라이터스 블럭

 '왜 글을 쓰고 싶어 하나' 하며 뚜렷한 해답이 없는 질문에 머물면 아득해진다. 준비도 없이 고령에 다다른 나는 글쓰기라는 지팡이에 기대고자 하였다. 사물을 직접 마주하고 세상에 말을 걸어보는 기분으로 글을 쓰면 어떨까. 처음에는 친한 친구와 가벼운 차 한 잔 마시는 기분으로 시작하여 글로 신변을 정리하여 보았다.
 글을 쓰는 동안 막연한 내일이 간추려지고 잊고 있던 추억이 생생하게 살아난다. 그뿐이 아니다. 잊고자 했던 트라우마도 정직하게 대면할 수 있는 용기가 생겨 세련된 글은 아니더라도 쓰는 매력은 컸다. 인생을 제대로 살고 있었는지, 남은 여정을 어찌 보내야 할지, 남아 있는 삶이 정리될 거라는 기대를 안고 흐뭇한 마음으로 글을 써 내려갔다. 초기에 쓴 글을 촌평해 준 지인이 기초적인 문장력이 부족하다고 해도 '공부하면 되겠지요.' 하고 가볍게 넘겼다. 여물지 않은 설익은 감정 표현이라고 할 때도 쿨하게 인정하고 시간을 두고 성숙해질 때까지 스스로 기다리마고 했다. 늦게 배운 도둑이 날 새는 줄 모른다고 했던가. 중언부언하며 느린 말을 쏠지라도 가끔 미간을 찌푸릴지언정 글쓰기는 즐거웠고 생활을 탄탄하게 다져주는 듯했다.

기억 창고에 숨어 있던 상흔이 고개를 든다. 상처가 아물기 전에 끄집어내면 더 큰 아픔이 되기에 용기가 필요하다. 그것을 감수하며 자신을 다독이기도 하고 합리화하며 서재에 들어가 모니터를 켠다. 머리에서 찬찬히 줄을 지어 내달리던 언어들이 활자화에는 대부분 뒷걸음질이다. 고작 서문 몇 줄에 걸려 병이 도지듯 글은 멈춰지고 자판 위에 놓인 손은 정지 상태다. 많은 기성 작가들도 이런 일은 비일비재하다고 하니 새내기인 나쯤이야 하며 자신을 다독인다.

하루 이틀 지나도 치유가 되지 않는다, 한번 뒤틀리니 심술난 말이 발 떼는 것조차 버티듯 쓰고 지우는 것을 반복한다, 혹시 없는 재능에 매달리는 것은 아닌지, 어쩌다 이루어진 문장에 표현이 남다르다는 뻔한 인사치레를 오해하고 버티고 있는 것은 아닌지. 자신을 의심하는 버릇이 발동한다. 손닿는 대로 옆에 켜켜이 놓인 책 아무거나 펴든다. 초짜인 내가 전업 작가들과 비교하는 것은 언어도단이지만, 어쨌거나 그들의 좋은 문장은 질투와 동경이 되어 열등감을 부채질한다. 이미 세상에 나온 주장에 옷을 입히는 글이 무슨 의미가 있을까. 더욱 별 가치가 없는 막연한 소재로 나만의 수다로 끝나는 것은 아닌지. 책의 포화 상태인 요즈음 나까지 더할 것은 없지 않은가. 쓰는 쪽에서 읽는 쪽으로 남아도 되지 않을까. 무슨 까닭인지 모르겠다. 생각의 꼬리는 애매한 자세로 겨우 찾아낸 주제에 흠집을 내고 더 없이 쪼그라들고 있다.

　얼마 전 쓰다 말고 넣어둔 글을 다시 화면에 올려놓는다. 여전히 몇 줄 쓰다 막혀 애꿎게 깜빡이는 '커서'만 노려보고 있다. 이어서 쓰고자 하여 새벽에 꺼내 놓은 글인데 어디까지 진행될는지. '오늘만은 끝내리라.' 하며 다짐과 함께 노트북 앞에서 자세를 고쳐 앉는다. 정오라는 시간을 정해놓고 자판에 손을 얹어 놓고 있지만, 알 수 없는 무력감으로 정지되어 있다. 녹아내리지 않는 감성, 항상 변화를 염두에 두어야 하는 비유, 표현의 부자연스러움, 편안하게 넋 놓고 앉아 있고 싶은 습관의 유혹, 자주 되풀이되는 이들과의 실전은 고달프다. 묵직한 시름이 가슴을 타고 내린다. 고작 원고 십오 매의 한 작품이 어려워 앉았다 일어났다를 반복하며 반나절을 소진한다.

　그만 수정하자며 탈고하려고 준비해 둔 글을 다시 읽어본다. 쓰기가 힘들어지면 하는 습관이다. 지인의 말을 듣고 문장을 다듬어 고치기도 하고 내 고집대로 버텨낸 글도 있다. 어쨌거나 마무리된 글을 보며 나 자신이 대견스러워 쓰담쓰담 한다. 끝이라 생각했는데 만족스럽지 않은 부분이 또 있다. 가끔 억지로 끌어들여 서먹한 글도 있고 더러 어렵게 찾아낸 표현도 있다. 다시 수정해야겠다고 다잡아 보지만 한 글자 한 문장이 아깝고 자식 같아 덜어내기 쉽지 않다.

　퇴고를 반복하다 보면 정직한 글인가 하고 의심스러워 멈칫하는 때가 있다. 스트립쇼 하듯 자신의 경험, 느낌, 감성을 하나씩 벗겨내야 하는 것이 수필이지 않은가. 그러나 소환된 기억은 시간의 흐름에 따라 변하기도 한다.

　글을 빼거나 첨부하여 처음과 달라진 글은 거짓이 아니라 주관적인 심정에 따라 변형될 수도 있지 싶다. 그것은 창조된 글이며 바람직스러운 일이라고 생각한다. 탈고를 여러 번 하다 보면 새로운 모습의 글이 나오기도 하지 않는가. 공들이다 보면 전문적인 구석까지 깊이 찾아내어 세세히 표현한 때도 있다. 거짓은 아니니 글을 계속 이어 가도 되지 않을까.

　입시 준비를 위한 것도, 밥벌이로 쫓기는 것도 아니니 애태울 것 없다. 누가 시켜서 하는 일도 아니고 의무와 책임을 다해야 하는 구속도 없다. 결국은 즐거워서 하는 일이다. 뒤 마려운 사람처럼 서두르지 않고 시간을 두고 끝까지 해보리라. 좋아하는 글을 계속 쓰고 또 쓰면서 노력하는 사람, 이런 이를 당해낼 재간이 있을까. '그렇게 하면 되는 거야.' 위로의 시간을 가져도 막힘은 시원스레 뚫리지 않는다.

　스산한 기온 탓인가, 나는 글의 앙상함을 견디고 있다. 쓰기에 대한 혼란과 갈등의 시점을 건너는 중이다. 마음은 초조해지고 시간은 멀리 달아나기만 한다. 바라건대, 나의 라이터스 블럭Writer's Block이 머지않아 맞을 만물이 소생하는 봄을 닮았으면 좋겠다. 걸리버 여행기를 쓴 조나단 스위프트가 늙어서 자기 작품을 다시 읽다가 '어느 천재가 이런 글을 썼지.' 라고 했다고 한다. 감히 그런 욕심은 없다. 다만 막힘 없이 자연스럽게 써 내려 억지스럽지 않은 글이 되었으면 싶다. 노트북을 닫는다.

서평

조경숙론
- 호네트의 인정투쟁, 밝음과 어둠의 미학 -

서평

조경숙론
- 호네트의 인정투쟁, 밝음과 어둠의 미학 -

권대근

문학평론가, 대신대학원대학교 교수

I.

세계적인 팝 아티스트 키스 해링은 "Art is life, life is art. 예술은 삶, 삶은 곧 예술이다."라고 말했다. 사치는 학문이나 예술 없이도 증진할 수 있으나, 학문이나 예술은 사치 없이는 결코 진보할 수 없다는 차원에서 삶과 예술 그리고 사치는 트라이앵글을 이루는 것 같다. 약간의 사치와 여유는 자본주의를 살아가는 현대 예술가에게 찐빵에 앙코 같은 것이 아닐까. 조경숙 작가의 말에서 사치론의 의미를 추론해보자. "이 시대의 진정한 사치 놀이는 글쓰기가 아닌가 합니다. 세상 무엇이든 상대할 수 있으니 이미 범상치 않음이라. 가장 힘겹게 얻고 가장 쾌감을 얻을 수 있는 것, 진정한 글은 애타게 쫓고 이성으로 사유해야 가슴에 안을 수 있지 않을까요. 생의 밝음과 어둠 속에서 나 또한 한껏 사치를 부리고자 합니다."라고 그녀는 말한다. 루소의 '과학과 예술은 일종의 사치에 지나지 않는다.'라거나, 장자의 '사치는 애정을 수반한다.' 생텍쥐베리의 '진정한 사치는 한 가지밖에 없으니, 그것은 사람들과의 관계에서다.'와 같은 선인들의 어록은 작가의 견해를 뒷받침한다.

 문학은 사치일까? '사치'라는 단어는 일반적으로 부정적으로 인식되는 경향이 많다. 그러나 하나의 단어가 단독적으로 쓰일 때 특히 그렇다. 사치라는 말이 예술과 함께 쓰일 때는 그 의미가 달라질 수 있다. 대부분의 문인들이 책을 내는 방법으로 활용하는 것이 자비출판이다. '자출'은 일종의 사치다. 사치도 사치 나름이다. 독일의 3세대 프랑크푸르트학파 철학자 호네트가 세상에 내어놓은, '개인에 대한 사회의 인정 부재가 개인의 자아실현을 막고, 이러한 개인의 자아실현 좌절은 사회 갈등을 유발시킨다'는 '인정투쟁' 이론은 푸코의 '투쟁'과 하버마스의 '의사소통'을 종합하는 개념이다. 호네트는 현대 사회에서의 사회 갈등은 개인의 자아실현 좌절에 달려 있으며, 이러한 개인의 자아실현의 여부는 '사회의 인정'에 달려 있다고 주장한다. 아침의 꿈은 저녁이 되는 데 있고, 나무의 꿈은 열매를 맺고 꽃을 피우는 데 있다. 문인의 꿈도 위와 별반 다르지 않다. 내 이름이 기억되길 바라고, 내 작품이 인구에 회자되는 게 꿈이다.

 조경숙론의 출발점은 호네트의 '인정투쟁'으로부터 시작한다. 호네트는 상호 인정 관계에서, 개인이 정서적 욕구를 충족하거나 법적 권리를 존중받거나 구성원으로부터 능력을 인정받았을 때, 성공적인 자아실현을 할 수 있는 것이라고 보았다. 하지만 이러한 상호 인정 관계에서 '무시'에 의해 개인의 긍정적인 자기의식이 파괴된다면 개인은 자아실현의 기회를 상실하게 된다고 하였다. 호네트의 '인정투쟁' 이념은 푸코와 하버마스를 연결하고 있는 개념이다. 푸코는 자기 보존 즉 권력을 위한 투쟁을 주장했지만 소통에 대한 논의는 소홀했고, 하버마스는 의사소통모델이 있지만 갈등이론과 충분히 결합시키지 못하고 있다는 것이 호네트의 주장이다. 따라서 호네트는 자신의 '인정 투쟁 개념은 푸코의 이론적 성과를 하버마스의 의사소통 이론 속에 통합시키는 개념 장치'라고 말한다. 호네트에게 있어서 '인정투쟁'은 두 가지로 나뉘는데, '인정'과 '인정투쟁'이다. 전자는 하버마스의 의사소통 개념을 확장시킨 것이고, 후자는 푸코의 투쟁 개념을 보충시킨 것이라고 할 수 있다.

조경숙론은 호네트의 인쟁투쟁이론을 바탕으로 그녀가 그려낸 어둠과 밝음의 서사를 분석해 보고자 한다. 책의 홍수시대에 출판 자체가 공해가 될까 하는 우려도 망설임도 있었지만, 그녀가 내린 결론은 '너나 할 것 없이 자기 피알시대이기에 슬쩍 묻어갈까나.'에 귀착된다. '받아 온 책에 대한 보답으로, 갚아야 할 채무가 있지 않느냐는 그럴 듯한 변명'이 결단을 부추긴 것으로 보인다. 어떤 문인이 출판기념회 자리에서 '문인과 문사는 같은 말이면서도 다른 말인데, 그 변별척도는 책을 내었느냐 안 내었느냐에 있다.'고 한 바 있다. 일단 자기 저서를 1권이라도 가진 문인에게 문사의 칭호를 붙일 수 있다고 주장했다. '문장화국지인'이 이상적 인간상이었던 조선시대였으니, 저서의 유무는 당시 선비의 품격을 가늠하는 척도가 되지 않았을까 싶다. 이런 이유가 아니더라도 조경숙은 수필집을 통해 자신의 이름이 여타 동명이인인 다른 수필가 '조경숙'보다 더 나은 평가를 기대하며, 살아온 궤적에 한 점 한 점 꾸준히 아름다운 점을 찍어왔던 터다.

II.

김진섭은 『수필문학소고』에서 '수필은 달관과 통찰과 깊은 이해가 인격화된 평정한 심경이 무심히 생활 주변의 대상에, 혹은 회고와 추억에 부딪쳐 스스로 붓을 잡음에서 제작되는 형식이다.'라고 말한 바 있다. 조경숙 수필집을 완독하고 나서 떠오른 것은 수필에 대한 김진섭의 어록이었다. 수필은 의식적 동기에서가 아니라 회고와 추억에 부딪친 결과적 현상에서 생겨나는 것이다. 수필을 창작한다는 것은 단순히 경험을 쓴다는 것이 아니라 그 경험을 통해 무언가를 발견한다는 의미이기도 하다. 발견은 수필쓰기의 첫 번째 과정일 뿐만 아니라 가장 중요한 과정이기도 하다. 글감을 찾아내는 정도의 발견으로 좋은 수필쓰기를 기대하기는 어렵다. 그것을 어떻게 보는가 즉, 인식을 통해 의미부여가 제대로 이루어져야 하는 것이다. 조경숙의 수필들은 하나같이 참신한 인식이 돋보이는 작품이다. 〈집개미 이야기〉에서 작가는 생명이란 것에 주목한다. 거실을 차지한 개미들을 퇴치하고 난 이후의 내면 풍경 보여주기를 통해 그녀는 바이오필리아의 가치로 사고의 폭을 넓혀나간다.

베란다의 문을 숨어 지내듯 이틀 동안 굳게 닫았다. 완벽한 퇴치였다. 죽음의 돔은 변함없이 그 자리에 있는데 왕성했던 많은 생명은 저항 한번 못하고 사라졌다. 터전 싸움을 미물인 개미와 한 꼴이라니, 인간과 같이 사는 동·식물의 삶은 정말 위태롭구나. 살아있음을 상징하는 화초의 초록 잎은 그들을 거름 삼아 빛나 보여 얄밉기까지 하다. 우울한 승리였다. 급기야 그날 한나절은 거실을 바삐 다니던 개미의 빈자리로 사물이 정지된 화면 같아 적막하기까지 하였다.

한순간 화분 속 어딘가에 숨어 지내다 활짝 핀 꽃들 사이로 숨바꼭질하듯 살금거리는 개미를 상상해 보는 이율배반적인 마음은 또 무엇인지. 한낱 개미 몇 마리 죽인 것 때문에 호들갑이냐 하겠지만 '세상에 존재하는 생명에 대한 치열한 애정이 있어야 글을 쓸 수 있다'는 어느 작가의 말이 가슴을 두드리니 어쩌랴.

- 〈집개미 이야기〉 중에서

어느 날 베란다 화분 속에 있던 개미가 거실로 영역을 확대하자, 작가는 개미가 '베란다에서만 생활하고 집안을 탐하지 않는다면 손자가 올 때마다 같이 놀아주는 친구이니 설탕을 뿌려주며 공생하는 것도 좋으련만, 내치기'로 한다. 남다른 탐구와 관찰을 통해 작가는 드디어 '개미퇴치'라는 결론에 도달하고 자신의 삶보다는 며느리의 삶을 걱정해주는 차원에서 거사를 하기에 이른다. 이 수필의 관전 포인트는 거사를 이루고 난 이후 생성되는 작가의 마음 속 풍경이다. 좋은 수필은 보이지 않는 세계를 다른 사람보다 먼저 발견하는 데서 생성된다. 조경숙 수필의 위대성은 쓰기의 출발점을 인식에 둔다는 점에 있다. 진실을 찾아내기 위한 작가의 노력은 참신한 발견에서 빛을 발하고, 문학적 형상화에서 그 꽃을 피운다. 삶의 한 가운데 위치한 그녀가 쏟아내는 언어들의 내포에는 생명에 대한 존중이 피어 있다. 그 바이오필리아는 삶을 관통하고 있어 더욱 향기를 품어낸다. 그녀는 '세상에 존재하는 생명에 대한 치열한 애정이 있어야 글을 쓸 수 있다'는 어느 작가의 말로 주제의식을 의미화하는 전략을 펴서 주제의 간접적 제시라는 우회적 담론화에 성공했다. 수필을 읽는 매력이 작가의 내면 풍경을 읽는 데서 나온다고 볼 때, 명징한 삶의 사유로 빛나는 그녀의 수필은 매력 그 자체일 수밖에 없다.

넓은 세상사에 한 점 아름다운 흔적을 남겨준 선배가 고맙고 그립다. 한 생명이 끝난 후 그녀와의 만남 속에 남겨진 의미를 찾아본다. 요양원 어르신을 모시며 그들의 인생의 끝에 존재하는 나는 어찌해야 하나 화두였다. 노인들에게 가장 두려운 것은 '혼자 죽는 것'이라고 한다. 죽음은 막을 수 없지만 혼자라는 느낌은 감소시킬 수 있지 않을까. 그녀의 목소리가 들리는 듯하다. "혼자라는 외로움에서 벗어날 수 있도록 그들의 처지 속에 들어가 당신이 찾는다면 언제나 따뜻한 손으로 맞잡을 거라고 알려 주어라."라고.

납골당을 벗어나 돌아가는 길, 하늘은 검은 구름에 가려지고 빗줄기는 머리카락같이 가늘다. 비 뒤에 맑음은 따를 터, 오늘같이 짙은 음영이 드리우는 날 간 사람이 남겨준 애달픈 마음을 모아 다시 찾으리니. 허무 속에 차분한 평화가 깃든다.

　　　　　　　　　　　　　　- 〈한 생명이 끝난 후〉 중에서

　생명에 대한 화두는 요양원 운영할 때 만났던 선배의 추모로 이어진다. 작가는 자신에게 멘토였고, 특히 요양원 운영이 어려울 때 많은 도움말을 주었던 그녀의 이름을 납골당에서 발견하고, 그녀와의 만남 속에서 남겨진 의미를 찾아나간다. 조경숙 수필의 쾌미는 이런 잊을 수 없는 경험을 통해서 자신의 삶을 헤아려 본다는 것에서 나온다. 누구나 한 번 죽는 길에서 어떻게 살아야 하나는 누구에게나 과제다. 그 선배나 작가나 쉽지 않은 삶을 살았다. '한 생명이 끝난 후'에 자신에게 안겨든 '허무 속의 차분한 평화'는 많은 의미를 내포하고 있다. 작가는 지난 삶을 반성의 눈으로 재어보고 있는 것이다. 그리고 마침내 '비 뒤에 맑음은 따를 터'에서 추론할 수 있듯이 그녀는 희망이라는 긍정적 사고 속에서 주춤거리지 않고 순리를 택하는 자신의 모습을 그리고 있다. 이는 수필을 인간학으로 구성한 것이다. 자신을 삶의 반성대 위에 세우고 자신을 향해 채찍질하기는 결코 쉬운 일이 아니다. 그러나 조경숙은 이런 노력을 승화시켜 '허무' 속에 차분한 '평화'라는 삶의 방정식을 안고, 세파에 꺾이지 않는 짙은 음영이 드리운 날이면 다시 선배가 묻힌 곳을 다시 찾아가리라 한다.

조경숙 수필을 읽는 매력은 위의 수필처럼 발견, 상관화, 동화, 성찰, 결속성이란 단계적 층위를 가지며, 특히 발견의 단계에서 참신한 인식을 맛보게 한다는 점이다.

  어느 날 아들이 찾아오고 면회가 끝나 돌아간 이후 그 행동이 멎었다. 몇 년 긴 출장으로 아들 식구 모두 일본으로 가게 되었다는 것을 알아들으신 모양이다. 애써 찾던 신발에 대한 집착을 떨구고 죽은 듯이 누워 눈을 감고 드리는 밥만 거르지 않고 드셨다. '대접해다오. 순화할 것이다. 지금 나는 아직 죽지 않은 사람이 아니라 이미 오래 살아온 사람일 뿐, 고난과 부딪치며 여기까지 온 것이고 그 가치는 귀한 것이다.' 무언의 절규는 그런 것이 아닐까. 침상에서 내려오는 근력은 그나마 일 년을 버티지 못했다. 이후 누워서 지내는 동안 사람을 만지고자 하는 행동으로 바뀌었다. 수발하는 이의 손길이 닿으면 팔을 끌어가 귀한 보석 만지듯 쓰다듬는다. '늙음을 어쩌겠니. 누구 탓을 하랴. 받아들이마. 익숙해질 때까지 옹색하게 몰아치지만 말아다오.' 눈자위에 머문 간절한 소원으로 하루가 또 흐른다.

- 〈순응〉 중에서

  수필 〈순응〉에서 작가의 운명론적 인식은 크게 빛을 발한다. 작가는 발단부에 '노년에 들어서며 바라는 것이 무엇이냐고 묻는다면 순한 노인이 되는 것이다. 어떤 일을 겪어도 받아들이게 해달라고 기도한다. 세월에 비례해 조금씩 순해지다가 촛불처럼 꺼지듯 사라지는 것. 빛나는 노년이 아니더라도 소란스럽지 않고 인생의 그윽함을 지키며 운명에 순응할 줄 아는 노인이 되고 싶다.'고 적고 있다. 이런 그녀의 바람은 어디에서 어떻게 온 것인지 훌륭한 독자라면 짐작이 가능할 것이다. "욕심, 고집, 수선스러움 없이 자신의 처지를 받아들이며 세월이 갈수록 까다롭지 않은 분이 있다. 7년 전 치매로 요양원에 입소하신 분이다. 당시에 80세이건만 근력이 떨어져 걷기 힘들어 엉덩이로 밀고 다니셨다." 는 80 노인의 모습 속에서 그녀는 자신이 살아온 삶의 모습을 보면서 자신의 삶을 단순한 제자리걸음이 아니라 삶의 담금질로 인식하고 있는 것이다. 이런 참신한 발견으로 인해 이 수필은 독자에게 문학적 쾌락을 주며 본격수필로 탄생한 것이다. 이런 인생순응 철학은 결말 단계에서 삶에 대한 성찰로 연결되어 형상 미학으로 빛난다. '받아들임은 편안함에 일보 다가가는 것이리니. 애원의 답이 아닐는지.'라는 말은 삶에 대한 고도의 세련된 지적 통찰이 아닐 수 없다. '무언의 절규'란 문구를 통해 우리는 조경숙 작가가 얼마나 순리적 삶에 대한 열망으로 영혼의 순수를 지켜내려고 노력하는가를 엿볼 수 있다.

장마가 후렴처럼 따라붙었다, 6월의 마지막 주, 한해가 반이 꺾이며 여름을 시작한다. 베란다 창에 둥글게 맺혀 눈물처럼 구르는 물방울이 아슬하게 곡예 중이다. '창밖은 오월인데 너는 미적분을 풀고 있다'는 피천득의 시구가 떠올라, 반反하며 비의 우울한 정서에 맞설 하루를 꿈꾼다.

'빗속의 여행은 어떨까'하고 인터넷을 뒤지다가 브런치콘서트로 낙착을 본다. 빗물이 온 세상을 덮칠 때 음악에 빠져 유영하는 것도 나쁘지 않으리라. 콘서트의 소제목은 '낭만, 너는 자유다'다. 언제는 자유가 아니었던가. 혼자 살기에 언제나 제 마음대로였으면서 '낭만' '자유'라는 말에 금지된 장난에 발을 들인 듯 들뜬 기대로 숨을 깊게 마신다. 비와 클래식 그리고 두 대의 피아노 협연, 이들의 조합은 미궁에 빠진 미적분에서 벗어나 기지개 켜는 몸짓이 아닐는지. 공연 후 커피와 케잌을 준다니 이만한 대접이면 울음이 긴 아이도 달래줄 만한 유혹이 아니겠는가

- 〈낭만, 너는 자유다〉 중에서

조경숙 수필의 빛나는 성취는 문장미학에서 맛볼 수 있는데, 조경숙 수필의 최대 장점은 무엇보다도 손맛이 내는 멋이다. 이 수필집을 읽고 제일 먼저 드는 생각은 어떻게 우리말의 아름다움을 이토록 훌륭하게 나타낼 수 있을까 하는 것이었다. 문학이 언어예술이고, 변형과 보수라는 말은 조경숙 수필을 읽으면 금방 이해된다. '장마가 후렴처럼 따라붙었다,' '비의 우울한 정서에 맞설 하루를 꿈꾼다.' '금지된 장난에 발을 들인 듯 들뜬 기대로 숨을 깊게 마신다.' '이들의 조합은 미궁에 빠진 미적분에서 벗어나 기지개 켜는 몸짓이 아닐는지.' '이만한 대접이면 울음이 긴 아이도 달래줄 만한 유혹이 아니겠는가' 당장 위 수필의 발단부만 들어도 이렇다. 언어의 연금술사라고 해도 과언이 아니다. 여성이라서 그럴까 싶지만, 모든 여성수필가들

이 다 이런 문장을 쓰는 건 아니다. 글을 쓴다는 것은 글을 다듬어내는 것이라는 것을 실감하게 해준다. 그녀의 문장은 감각기능을 동원한 실념주의를 바탕으로 존재의 탐구이거나 발견이고자 하는 일종의 물화를 근간으로 한다. 감각에 의해 체화된 사상은 우리의 뇌리에 인화되기 마련이다. 정서는 물론 사상이나 감정, 심지어는 의식까지도 의미의 고정화를 거부하고 철저하게 즉물적으로 표현된다. 이는 작가의 '다시 보기', '새로 보기'라는 발견에의 천착이 없었다면, 생성이 불가능한 문장이다. 문장을 쫓는 작가의 눈이 얼마나 중요한가를 보여주는 전형적인 '낯설게 하기'인 것이다.

구성상의 참신함 역시 조경숙 수필의 큰 강점이다. 작가가 내용과 사건을 어떻게 서술하느냐에 따라 독자의 감동을 극대화할 수 있을 것이다. 시간의 배열을 거꾸로 한다거나 시간과 공간을 병행한다거나 체험과 인식을 교차시킨다거나 두 개의 체험을 함께 엮는다거나 하는 다양한 방법들을 작가는 시도한다. 문학의 아름다움은 탄탄한 구성에서 나옴을 알고 있음이다. 탄력성에의 질주다. "더할 나위 없이 늙음과 낭만은 안타까운 사랑처럼 서로 부조화된 면이 있으리라. 세월의 무게를 내려놓고 젊은 정서를 조금만 끌어오자. 활화산 같은 열정은 모양새가 아니기에 모닥불을 염원하는 겸손한 자세로 군불 지피는 듯한 정성을 가져야겠지. 나이 든 이가 낭만을 갖고자 한다면 지나온 세속의 미련과 변辯을 줄이고 용기 있게 마음 가는 대로 한발씩 다가서야 하지 않을까."라는 인생 후반기 낭만전략이 얼마나 설득적인가. 인생에 대한 깊고 담담한 관조와 거리를 두고 물끄러미 바라보는 조망, 마음을 차분히 가라 앉혀주는 위안과 인간의 정신을 고원한 곳으로 이끌어주는 깊이, 인생을 보는 작가의 세련된 고도의 성찰과 정연한 논리는 그녀의 탁월한 구성 미학에 힘입어 비장한 손맛을 풍긴다. 〈낭만, 너는 자유다〉는 문장면에서 또는 구성적 측면에서 돋보이는 작품이다.

  오십 년 넘게 계속해 온 동창 모임이 있다. 오랫동안 의미를 찾지 못해 나무의 가지치기처럼 과감히 밀어냈다. 그저 같은 반이었다는 이유로 긴 세월 엄벙덤벙 이어 나간 것이 전부인 모임이었다. 뒤돌아서면 아무런 생각과 의미를 찾을 수 없는 공허하기까지 한 만남이었다. 그들은 아니었을지 모르지만 나는 에둘러 비교하며 질투와 자랑을 일삼았고 식상한 수다에 질려가고 있었다. 계속 이어가야 하나. 지날수록 회의가 컸다. 갈피를 잡지 못하는 가지를 가지고 어리석게 긴 세월 끌고 왔던 것, 얼마 전 분별없는 행동에 선을 긋고 돌아섰다. 뜻밖에 그들도 미련, 미움, 소소한 관심이 제로 상태로 보였다. 발걸음이 가벼웠다. 오랜 시간 드리웠던 그늘을 걷은 기분이었고 여유와 공백이 선물처럼 나타났다.

- 〈가지치기〉 중에서

일반적으로 사람들은 오래된 모임이나 사람과의 단절을 시도할 때, '정리'라는 말을 쓴다. 그런데 조경숙은 알려진 이런 방법들과는 다른 참신한 시도로 정리를 하고 있다. '가지치기'에 견줌으로써 이

중구조로 짠 것이다. 봄이 도착하기 직전이었다. 도로에 사다리 스카이차가 멈추고 현대판 가위손이 등장한다. 소도 잡을 듯한 묵직한 가위가 나뭇가지 사이로 과감하게 넘나든다. 가로수의 줄기가 꺾여 땅으로 곤두박질친다. 작가는 이런 가로수 가지치기의 장면을 보고, '추운 겨울을 견뎌왔는데 식물들이 아프다고, 억울하다고 비명을 지르는 것 같아 마음이 편치 않다.'고 한다. 〈가지치기〉의 발단부와 전개부는 가지치기가 나오고, 중간쯤에서 가지치기는 사람사는 사회에서도 그대로 적용된다고 하면서 자신의 체험을 이야기하는데, 이 수필은 이런 이중적인 층위를 도모하면서도 전체적인 통일성과 변용미학을 획득하였기에 주제와 구성이 잘 매치된 좋은 작품이 되었다.

'가지치기'는 '정리'에 맞대응되는 적재가 아닐 수 없다. 일물일어설에 따라 적절한 제재를 찾아낸 것도 또 그것을 제목으로 내세운 것도 매우 효과적이었다. 가지치기에서 사람의 정리로 글을 전개해 나간 것도 좋았다. 익숙한 것을 낯설게 보려는 끈질긴 시선과 보이지 않는 것도 꼭 보고야말겠다는 의지가 돋보이고, 중심사상을 새롭게 보기를 통해 구체화시키는 단락 구성이 눈길을 끈다. 결말부 담론층의 주제의식이 의미화된 부분도 압권이다. "인생 하반기다. 쓸모를 구별해야 그나마 지탱할 수 있는 나이가 아닌가. 외출도 버거워져 간다. 나이 듦에 충분치 않은 에너지를 지혜롭게 쓰고자 한다. 타인의 시선에서 벗어나고 싶다. 돈 명예 남과 비교하며 열망하고 인기에 연연하는 생활에서 자유로워지고 싶다고나 할까. 만약 당신 언저리에 거추장스러운 내가 있다면 서슴없이 쳐내어 나에게서 벗어나기를 희망해 본다."에서 마지막 말, 조건절, '만약 당신 언저리에 거추장스런 내가 있다면'은 훌륭한 전제다. '가지치기'에서 '가지치기를 당하는' 나를 상정하고, 그것을 흔쾌히 수용하리라는 자세는 멋지다. 작은 거인, 선비다운 풍모를 보여준다. 문학은 형상과 인식의 복합체다. 전략화된 수필문장 구성의 원리를 통해 보이지 않는 관념을 구체적으로 감각화하는 기법은 조경숙의 문학적 기량을 말해준다.

다섯 번째 검사 결과 전원 음성이 나온 후 기도하는 마음으로 지냈다. 하루가 백 년처럼 시간이 멈춘 환경 속에서 저항할 수 없는 반복적인 생활이 이어졌다. 연속적으로 네 차례의 전원 음성이 나왔다. 드디어 해냈구나. 심장이 뛰었다. 기쁨의 눈물 속에 코호트 격리는 24일 만에 해제되었다. 봉쇄가 연장되어도 끝까지 함께 싸워준 직원들의 희생으로 어둡고 긴 터널을 빠져나올 수 있었다. 병원에서 치료받던 어르신들이 건강히 돌아왔다. 그들의 손발이 되고 밥에 반찬을 얹어주는 수발이 일상이 되었다. 인간 승리였다. 치열하게 얻은 계속된 생명은 평범한 삶에서 반짝였다. 돌아보건대, 우리가 대견한 일을 해냈구나 하고 자족하는 순간 고통은 보상되었다.

시행착오 속에 삶은 흐른다. 걸음을 멈추지 않고 앞날을 모색하면 시련은 반드시 끝이 난다. 그러나 코호트 격리는 내 생애에 한 번이면 차고 넘치는 경험이다. 같은 시련이 다시 온다면 뒤도 안 돌아보고 우주 밖으로 도망가리라.

- 〈24일간의 코호트격리〉 중에서

사람은 누구나 더 나은 삶을 살길 바란다. 그래서 끊임없이 삶을 뒤돌아보고 반성하고 음미하려고 한다. 조경숙 역시 지나온 세월 속에서 가장 힘들었던 일을 보며, 진정한 자기 찾기를 시도한다. 그것이 문학적 방식으로 변용되어 나타났을 때 작가에게나 독자에게나 그 감동이 증폭될 수 있기 때문이다. 수필이 작가의 인품과 융화되어 문학성을 가질 때 현대인에게 안식을 줄 수 있는 확고한 자리매김을 할 수 있기에 본격수필창작의 네 번째 원리로 필자는 성찰의 원리를 들고 있다. 조경숙의 수필집에 실린 수필들은 대체로 이 원리에 충실한 편이다. 어떤 수필도 성찰의 단계를 그치지 않은 것이 없다. 그중에서 성찰의 원리가 돋보이는 수필을 뽑아보자면 〈24일간의 코호트격리〉를 고를 수 있다. 조경숙의 수필은 진솔하기에 감동을 준다. 자기 고백과 성찰을 통해 어두운 그림자를 몰아내고 그 빈 자리에 긍정적이고 신선한 삶의 활력을 심는다.

'시궁이후공'이라는 말이 있다. '걸음을 멈추지 않고 앞날을 모색하면 시련은 반드시 끝이 난다.'는 생각으로 전 직원이 일심 단결로 전원 음성 판결을 이끌어낸 24일간의 사투를 스스로 '인간승리'라고 자평하는 배경에는 '그 무엇'의 밖에 놓여 있다는 생각이 요양원 원장의 내부에 책임과 사명을 머물게 해 그 정신적 에너지를 바이러스 방역에 쏟아붓게 만든다는 것이다. 요양원을 운영하는 동안에 코호트 격리라는 환경을 맞아 병원 안에서 환자들과 함께 코로나 바이러스와 사투를 벌이는 일이 얼마나 어렵고 힘들었겠는가. 그런 상황에서 주위를 둘러보고 즐길 여유를 찾기는 어려웠을 것이다. 그래서 그녀는 결말부에서 그 어려워던 24일간의 사투를 "시행착오 속에 삶은 흐른다. 걸음을 멈추지 않고 앞날을 모색하면 시련은 반드시 끝이 난다. 그러나 코호트 격리는 내 생애에 한 번이면 차고 넘치는 경험이다. 같은 시련이 다시 온다면 뒤도 안 돌아보고 우주 밖으로 도망가리라."는 말로 표현하고 있다. '시행착오 속에 삶은 흐른다.' 이처럼 조경숙의 수필은 자조나 고백적 성격보다는 관조적 성격으로 해서 문학적 향취를 가진다. 그만큼 수필 창작에 있어서 작가는 관조를 중요시한다는 것이다. 이 작품은 코호트격리를 통해 삶을 바라보는 작가의 혜안, 즉 관조가 빛나는 작품이다.

    나무와 꽃이 우거지고 대문과 벽에 담쟁이가 엉기는 집을 보면서 내 나라가 아닌 타국이라는 생각이 들었어요. 창문 베란다에 걸쳐진 이름 모를 야생화에 점수를 후하게 주며 유럽 스위스 어디쯤 와 있는 사치스러운 생각으로 내 입꼬리가 위로 올라갑니다. 기억하나요. 프라하의 카를교에서 손잡고 거니는 노부부를 보자 당신은 보란 듯이 왁자하게 내 어깨에 손을 얹고 포옹하듯 감싸며 장난스럽게 웃었지요. 저편 세계로 가버린 당신, 기꺼이 돌아와 나를 안아줄런지요. 시간과 공간을 뛰어넘어 당신과 마주할 수 있는 몽리, 찰나만 허락되었나요. 모퉁이 집 층계마다 도열하고 있는 고무 함지와 그 속의 식물이 지금 여기를 깨우칩니다. 가느다란 고춧대가 듬성히 꽂혀 색바랜 고추를 섬기느라 애쓰고 있습니다.

- 〈백량금〉 중에서

작가는 매서운 바람을 견디는 꽃과 나무들처럼 외로움을 견디며 살면서도 어느 순간 사라져가는 남편과의 추억을 떠올려 보고 안타까워한다. 그러나 태풍 뒤에도 여전히 세상은 정돈되고 변화를 겪더라도 새로운 꽃이 피고 싹이 돋는 법이다. 꽃과 나무가 우거지고 대문과 담쟁이가 엉기는 집을 보면서 자신이 서 있는 자리가 한국이 아니라 외국이라는 사실을 느끼는 작가의 태도는 확실히 그 느낌부터 남다르다. '저편 세계로 가버린 당신, 기꺼이 돌아와 나를 안아줄는지요.'라는 대목에서 그녀의 사생관을 확인할 수가 있다. 남편과 함께했던 유럽여행의 추억소환은 삶에 대한 사색이며 음미다. 그녀는 삶을 천천히 맛본다. 수필은 시간을 쫓아가지 않고 느리게 순간을 즐기며 주위를 돌아보는 진지한 성찰 작업이어야 한다. 훌륭한 수필가는 방랑가요, 게으름뱅이어야 한다고 하지 않았던가. 화분에 물을 주다가 먼 곳으로 가버린 남편 생각에 난 눈물 때문에 차를 몰아 어디론가를 달려가서 작가는 프라하 카를교에서 어깨에 손을 얹고 가볍게 포옹하듯 감싸며 장난스럽게 웃던 남편을 떠올린다. 층계에 도열한 식물이 '지금 여기'를 깨우쳐주기에 다시 정신을 차린다.

  우리가 문학을 하는 이유는 '구원성'에 있다. 수필을 씀으로써 자신을 구원하고 작가를 구원한 작품은 작가의 품을 떠나 독자의 지친 영혼을 달래준다. 조경숙은 저 세상에 있는 수신인에게 '습니다체'로 편지를 쓴다. 그러나 내 안에 피어나는 아집과 헛된 욕망의 실체를 '보이지 않는다'의 눈으로 보게 되면 언젠가 작가의 마음자리는 안정될 것이다. '눈부시게 아름다웠던 날들을 함께한 당신이 늘 나에게 주었던 말에 매달립니다. 주워 온 화분에 백량금을 옮겨 심었지요. 자춤거리던 생의 고비가 너그럽게 지나갑니다.'라는 대목에서 우리는 여물디 여문 지워지지 않는 사랑의 무게를 본다. 그것이 기억해줌으로써 작가가 받는 보답이며 글을 읽음으로써 독자가 얻는 이득이 되는 것이 아니겠는가. 이상과 현실의 괴리를 자아의 노력으로 극복해 나가는 것이 삶을 대하는 진지한 태도일 터, 그것을 작가는 '너그럽게 지나간다'는 간단한 어구로 제시하였다. 이 수필은 부부 사이의 '인연'이 중심이 된 추억을 그리는 글이다. 수필의 존재 가치는 인간의 삶과 함께 빛을 발한다. 문학이 인간을 위해 존재한다는 것은 결국 문학은 사회 현실 속 서로의 공유체험을 형상화함으로써 궁극적으로는 '인간 구원'에 기여해야 한다는 의미가 아니겠는가.

지루한 일상에 보편적 사물 하나가 안위를 주는 경우가 있다. 지난겨울부터 어머니가 주신 손수건을 가방에 넣고 다닌다. 코로나로 마스크를 쓰고 다니면 입김이 서려 코와 입 주위가 콧물로 젖어 있는 느낌이다. 휴지를 마다하고 손수건을 사용하는 것은 환경을 생각하여 일회용 제품에서 벗어나고자 했던 작은 실천도 있다. 장롱에 파묻혀 있는 것보다 가방과 주머니에서 생활필수품으로 쓰며 가끔이나마 어머니의 현존을 체면 걸듯 우기는 것이 낫지 않을까.

세월이란 멈출 줄 모르고 지나간 일은 그 시점에서 움직이지 않는다. 슬픔이든 기쁨이든 대부분의 사물은 사연을 갖는다. 당신도 손수건처럼 과거와 닿아있는 물건을 찾아내어 조우해 보는 것은 어떨까. 너그러운 용서와 위안이 필요한 것이라면 더욱 말이다.

- 〈손수건〉 중에서

　이 수필은 인간의 끊임없는 탐심을 경계하는 수필이다. 인간은 '비움'보다도 '채움'에 매달린다는 것이다. 이 수필은 비워내야 채울 수 있다는 교훈을 말해준다. 그 비어 있음의 공간은 무욕을 나타내고 있으나, 불필요를 의미하기도 한다. 작가는 필요에 대한 성찰을 통해서 공존할 수 있음의 근거를 확보하는 것이다. 비움으로써 수용의 미학이 싹튼다는 진리는 누구나 안다. 이 수필의 매력은 비움의 가치를 '당신도 손수건처럼 과거와 닿아있는 물건을 찾아내어 조우해 보는 것은 어떨까. 너그러운 용서와 위안이 필요한 것이라면 더욱 말이다.'라는 진술을 통해 용서의 미학을 손수건으로 연결시킨 데서 찾을 수 있다. 발견을 통한 상관화 그리고 성찰로 이어지는 창작 과정이 문학성을 구축해주기에 좋은 수필이라는 것이다. 삶의 질적 변화가 인간에게 반드시 행복을 안겨주는 것은 아니다. 부의 획득만큼 그보다 더 많은 것을 잊고 잃어야 하기 때문이다. 현대인의 비극은 여기서부터 시작된다. 작가가 '슬픔이든 기쁨이든 대부분의 사물은 사연을 갖는다.'는 입장을 통해 말하려는 궁극적 가치는 '사물과의 사연'으로 화해를 도모하는 데 있다.
　기억의 뿌리를 움켜쥐고 살 수 있다는 사실은 행복한 일이다. 수필은 잊을 수 없는, 결코 잊어서는 안 되는 추억을 글로 그리는 그림이다. 잊고 있던, 기억의 저편 모습을 드러내는 여러 일들을 서정어린 그림으로 펼쳐 보일 수 있는 것은 조경숙 수필 〈손수건〉에서만 느낄 수 있는 묘미다. 그러나 협의로 보면, 문학은 미를 추구하는 글이라 할 수 있다. 그래서 수필을 쓰는 데 있어 '미의 추구'는 첫 번째 본질로 중요시되고 있다. 일상성 또한 문학의 밑바탕이 되는 요소로서 문학의 성패를 좌우한다. 대상에 대해 인정을 흘리는 일, 그리움을 갖는 일, 추억의 세계 속으로 빠져 인생을 주관적으로 바라보는 일 등이 조경숙의 주된 작업이다. 수필적 미학은 화려한 문장에 있지도 않고, 거창한 주제나 경이로운 소재에 있지도 않다. 대상을 너그럽게 바라보는 관조의 눈 속에 배어 있는 따스한 정이 독자의 누선을 자극할 때 완성되는 것이 수필미학이다. 그래서 조경숙은 정이 풍부한 사람이다. 물상을 사랑하는 마음으로 볼 줄 알아야 글에 공감이 묻어난다고 할 수 있다. 이런 논리를 뒷받침하는 대표적인 수필이 〈손수건〉이다. '사물과의 인연'을 맺는 자세에서 우리는 또 한번 가슴을 매만지게 된다.

    J야, 기어코 떠났단다.
    어제 낮부터 갈까 말까 망설이며 준비한 짐을 들고 단호하게 집을 나섰어. 사람이 세상을 등지면 그쪽으로 가려나. 해가 지는 곳, 서해로 가기로 했지. 세상이 험악해져 여자 혼자는 무리라고 말리는데 고집을 부렸어. 당일에 돌아오지 않고 잠자고 오는 여행을 해보리라는 나와의 약속을 실행하고 싶었단다. 남편은 떠났고 이제 생을 홀로 감내해야 하잖아. 안타까워하는 이들의 눈에서 벗어나고 싶다고나 할까. 타인의 생각은 부서질 것이고 실천은 어떤 말보다 강력한 언어니깐.

    창을 열고 운전하며 쏟아져 들어오는 공기를 깊이 들이마셨지. 시원한 바람이 필요했어. 불안했거든. 늦가을 바람이 형상도 없이 차 안으로 들어와 퍼지고 망설임 없이 사라지네. 지금 듣는 음악 같아. 감정의 선을 올리려고 비트가 강한 음악을 틀었어. 리듬 따라 고개를 까딱이며 즐거운 여행을 하겠다고 나 자신에게 주문했지. 너도 알 거야. 외로움을 떨치고 싶은 의식적인 행위라는 것. 당진에 진입하면서 음악을 바꾸었단다.

- 〈속아도 꿈결〉 중에서

계절의 순환과 함께 홀로 여행을 통해서 '외로움을 떨치고 싶은' 모습을 보여주는 일은 자신의 입장에서는 자신과의 약속을 지켜내는 큰 기쁨이기도 하다. 그 누군가에게 절대적 사랑을 주었거나 받은 것은 기쁨일 수 있지만, 그분에 대한 기대에 미치지 못했거나 다시 볼 수 없는 것은 아픔일 수밖에 없는 것이다. 조경숙의 글에 등장하는 J야는 호칭으로 보아 친구인 듯하다. '녹슨 낙엽이 엉겨 붙어 굴러가면 빈 들에 버려진 듯한 한기가 갑자기 몰려들기도 해. 홀로 남은 자의 쓸쓸함이겠지. 애달픈 그리움을 꾹꾹 누르고 있었던 게야. 부드럽게 휘어지는 길에 창을 열고 바람을 동무로 갈무리하니 남편이 달려들어 왁자하게 안아주는 느낌, 애욕이 남아있나. 육신이 짜르르하네.' 하는 대목에서 역시 극한의 외로움 속에서 그녀는 남편을 불러내곤 한다. 그것은 그녀의 가슴 안에 그분의 존재가 너무나 뚜렷한 기억으로 남아 있기 때문이리라. 그분이 그녀를 그렇게 만들었을 것이다. 그런 남편이 더욱 눈에 밟히는 것은 당연하다고 하겠다. 달려드는 바람에 사랑하는 이의 손길을 느끼며 가슴 속에 온기를 채우는 것은 이 세상에 영원한 것은 존재하지 않는다는 사실에 대한 확인이고, 자신도 언젠가는 떠날 수밖에 없는 존재라는 것에 대한 준비이자 연습인 것이다. 이 대목에서 보여준 작가의 그분 생각은 강한 호소력을 갖는다. 이는 외로우면 외로울수록 종전의 광경을 찾아볼 수 없는 상황을 그리워하고 있음에 대한 반증이기도 하다.

    옷가게의 스피커에서 전에 듣던 '옛이야기'에 잠시 숨을 멈춘다. '손수건만큼만 울고 반갑게 날 맞아 줘'라는 노랫말에 눈자위가 젖는다. 따뜻한 위안의 말에 감정은 한없이 펄럭인다. 세월과 함께 만성질환이 되어버린 감정의 고갈이 잠시 치유되는 짧은 시간이다. 감고당길로 매일 등교하던 때였다. 박계영 작가의 '머무르고 싶은 순간들'을 읽고 또 읽었다. 슬프고 아름다운 이야기에 흠뻑 빠져서 현실 대부분이 낭만투성이 줄 알았다. 연애의 시작은 뜻하지 않게, 사랑은 운명적으로 오는 것이라고, 애태우는 사람 앞에서 죽음을 맞이하는 것을 어처구니없게 동경한 때가 있었다. 감정의 확산을 막을 수 없는 십 대는 그랬다.
   길 끝에 정독도서관이 보인다. 인재들이 모여 학구를 불태우던 경기고등학교는 현대식 도서관으로 바뀌었다. 교정을 잠식한 나무의 연두 잎은 마음껏 흐드러지고 분수대 옆 등나무는 새순을 준비하며 엉켜있다. 오늘의 여정, 감고당길이 끝이 났다. 파란 하늘을 반사하는 햇살이 머리에 앉는다. 찰라, 어느 한순간도 머물 수 없으리니 의식할 수 있는 한, 빛을 볼 수 있는 쪽으로 몸과 마음을 두고 싶다. 가방에서 김금희의 『복자에게』를 꺼내 들고 나무 밑 의자로 향한다.

- 〈감고당길〉 중에서

 감고당길은 조경숙 작가가 행복한 순간을 기억하며 걸을 수 있는 몇 안 되는 길 중 하나다. 조경숙 수필들의 특징 중에서 가장 강한 색채를 가지는 것은 그리움의 서정성이다. 감고당은 숙종의 부인 인현왕후의 친정이었고 비운의 왕비 고종의 부인 명성황후가 입궐할 때까지 지냈던 곳이다. 여걸들이 지냈던 터전에 세워진 학교, 덕성여중 고는 6년의 청소년기를 지낸 조경숙 작가의 모교다. 작가가 감고당길 주변에 있는 정독도서관 등나무 새순을 보면서 여고시절을 그리워하는 글이다. 그녀의 글에는 한결같이 다정다감한 인정이 녹아있고, 그 인정으로부터 삶의 의의를 깨닫는 작가의 인간적 체취가 드러난다. 한 마디로 그녀의 작품은 인간의 내면을 흐르는 인정의 강물이다. 멋진 수필가는 제재를 가지고 주제를 겨냥하는 사람이라고 했다. 조경숙은 제재를 가지고 주제를 겨냥하는 솜씨가 보통이 넘는다. 이 작품의 결말부 마지막 멘트, '오늘처럼 청승이 찾아올 때, 약간의 파격을 꿈꾸는 여인으로 생의 언덕을 넘고자 한다.'는 표현은 '감고당길'로 상징화된 것이 젊은 시절의 추억이기 때문에 이 진술을 보면, 금방이라도 어떤 내용인지 잘 알 수 없을 것 같지만 실상 글을 전체로 소화하고 나면, 제재란 하나의 비유나 상징으로써 주제의식을 드러내기 위한 문학적 장치로서의 수단이나 도구가 된다는 것을 알게 된다.

입시 준비를 위한 것도, 밥벌이로 쫓기는 것도 아니니 애태울 것 없다. 누가 시켜서 하는 일도 아니고 의무와 책임을 다해야 하는 구속도 없다. 결국은 즐거워서 하는 일이다. 뒤 마려운 사람처럼 서두르지 않고 시간을 두고 끝까지 해보리라. 좋아하는 글을 계속 쓰고 또 쓰면서 노력하는 사람, 이런 이를 당해낼 재간이 있을까. '그렇게 하면 되는 거야.' 위로의 시간을 가져도 막힘은 시원스레 뚫리지 않는다.

스산한 기온 탓인가, 나는 글의 앙상함을 견디고 있다. 쓰기에 대한 혼란과 갈등의 시점을 건너는 중이다. 마음은 초조해지고 시간은 멀리 달아나기만 한다. 바라건대, 나의 라이터스 블럭 Writer's Block이 머지않아 맞을 만물이 소생하는 봄을 닮았으면 좋겠다. 걸리버 여행기를 쓴 조나단 스위프트가 늙어서 자기 작품을 다시 읽다가 '어느 천재가 이런 글을 썼지.' 라고 했다고 한다. 감히 그런 욕심은 없다. 다만 막힘 없이 자연스럽게 써 내려 억지스럽지 않은 글이 되었으면 싶다. 노트북을 닫는다.

  - 〈라이터스 블럭〉 중에서

작가들의 무서운 적, 라이터스 블록 writer's block은 글이 전혀 써지지 않는 상황을 의미한다. 다만 조경숙 작가가 걱정하는 것은 막힘

없이 자연스럽게 써 내려 억지스럽지 않은 글이 되었으면 싶다는 것이다. 중고교 시간에 전통 수필이론을 배운 사람들은 거의 '사실대로 써야 한다'는 수필에 대한 강박증을 가지고 있다. 조경숙 작가도 약간은 그런 강박증을 가지고 있는 듯하다. 자연스럽게 써내려 간다는 것은 강력한 제작성이나 의도성을 갖는다는 현대수필의 작법과는 약간 거리감이 들기 때문이다. 작가의 말대로, '좋아하는 글을 계속 쓰고 또 쓰면서 노력하는 사람, 이런 이를 당해낼 재간'은 없다. 글을 쓸 수 있는 사람으로 새로 태어난다는 것은 글을 쓰는 동안에는 그 어떤 외부의 자극에도 흔들리지 않는 용기를 얻는다는 것이다. 글을 쓴다는 것은 나의 꿈을 표현하고, 타인의 꿈과 나의 꿈이 이어지기를 소망하는 자신의 간절함을 표현할 수 있는 아름다운 비상구를 얻는 길이다. 글을 쓰는 동안만은 온갖 고통 속에서도 결코 부서지지 않을 수 있었다.

그럼에도 불구하고 글을 쓸 수 있다는 것, 그것 하나만으로도 완전히 자유로운 것이다. 막힘이 시원스레 풀리는 법은 누구에게도 없다. 이 수필의 축을 이루는 하나의 견고한 줄기는 '자기 응시'라고 할 수 있다. 작가는 수필을 통해 자기를 응시하고, 나아가 성찰을 도모한다. 종국에는 작가정신을 바로 세워 그 중심에 서고자 한다. 이러한 성찰적 태도야말로 조경숙의 가장 큰 자산임은 강조할 필요조차 없을 것이다. '막힘이 시원스레 풀리지 않는다'는 자기 고백적인 말이며, 이것이 결여되면 진정한 독자와의 공감대가 생기지 않는다. 인간다운 삶을 위해 존재하는 것이 수필이라면 조경숙의 라이터스 블록은 이런 조건에 아주 부합한다. 생각의 풍경에 담긴 작가의 수필 라이터스 블럭 안에는 수필가다운 삶의 모습이 구체적으로 표출되었을 뿐만 아니라 작가정신을 아름답고 풍요롭게 해주는 내용이 담겨 있다. 충분한 사고와 선택의 여과 과정 속에서 진솔한 자기 노출의 호소성이 있어 성찰의 글로써 수필의 향기를 잘 드러내고 있는 것이다.

대부분의 사람이 하루를 시간의 관성에 의해 살아가는 데 반해 조경숙은 하루의 가치를 위해 산다. 라이터스 블럭은 사실이나 글쓰기 체험에 따른 자신의 생각이나 상념, 느낌 견해 등과 같은 감정이 문학적인 언어와 함께 나타나 있어 읽는 맛을 준다. 각각의 수필에서 보이는 조형적 특성은 조경숙 수필의 가장 강한 매력이다. 이를테면 감동을 위한 형식상의 전략이 돋보인다는 점이다. 조형미 구축을 위한 전략화는 구성미학 차원에서 멋을 내고, 서두와 결말부에 놓인 비유적인 문장은 연상과 상상의 통로로 연결되어 문학의 맛을 자아낸다는 것이다. 형식미를 통해 멋을 내고, 문학적인 장치 활용으로 맛을 우려내는 감동의 배가 전략은 그녀의 수필적 기량을 단적으로 보여준다고 하겠다. 그녀의 문학적 행보에 아낌없는 지지를 보낸 애독자의 한 사람으로서, 또한 그녀의 향후 가능성에 대해 전폭적으로 신뢰하는 지도교수로서, 필자는 조경숙 작가가 자기 나름의 개성적인 색깔을 수필 속에 축성하기를 소망한다.

Ⅲ.

 어쨌거나 본격수필 창작법을 익혀 구성적, 전략적, 미학적 조형성을 중시하고, 수필에 문학성을 주기 위해 일반적인 형식으로부터 탈피하여, 수필의 조형적 차원에서 낯설게 하기를 시도한 점 등은 높이 평가된다. 좋은 작품은 어떤 글이라도 복합적 통일성이라는 형식적 특성을 공유한다는 점을 전제해서 볼 때, 그녀의 이 수필집은 언어의 조직적 구조면에서 특이성을 확보, 나름의 미학적 가치를 획득하고 있다고 하겠다. 그녀의 삶과 사유는 위에 열거한 가치에 따라 원칙적으로 영위되기에 이 수필집은 카타르시스뿐만 아니라 독자에게 훈훈한 향기를 안겨준다고 하겠다. 서평에서 다룬 작품만 보더라도 그녀가 얼마나 솔직하고 우아한 교양미를 풍기는 문사인지를 쉽게 알 수 있을 것이다. 실감의 유리와 보수, 즉 프리즘의 눈으로 읽어내어야 할 개인적, 사회적, 시대적 삶의 바람직한 방향을 훌륭하게 모자이크해 내는 솜씨로 볼 때, 이 수필집은 우리 수필을 한 단계 업그레이드시킨 작품집으로 기록되어도 손색이 없겠다. 수필이 안식과 위안을 주는 데 목적이 있는 만큼 조경숙은 이런 수필의 기능과 성격을 잘 알고 있는 것 같다.
 그래서 수필의 결말부는 언제나 구도자적 자세로 반성적 성찰이 나타나고, 미학적 차원에서 반전이나 여운이 끼어든다. 그 방법은 고백 아니면 여백이다. 이 수필집이 주는 또 다른 강점 중의 하나는 개인적 체험을 보여 주는 데 있어서 가공하지 않고 사실 그대로를 노출시킨다는 점이다. 수필의 최대 매력인 고백성을 힘껏 활용하는 것은 독자를 감동의 고지로 끌어올리겠다는 강한 의지의 발로로 보인다. 작가 자신의 부끄러운 모습이나 단점까지도 미화하지 않고 그대로 과감하게 노출시킴으로써 이 수필집은 독자들로부터 공감을 끌어내는 데 성공하고 있다고 하겠다. 자연을 끌어들여 순수하고 아름다운 꿈의 세계를 아련히 그리워하는 낭만적 분위기도 연출하면서, 자연 자체에 눈길을 고정시키지 않는다. 날카로운 시선으로 자연을 관조하고 거기서 깊은 명상의 세계를 얻는다. 이를테면 자연의 대상 앞에 선 작가는 자연의 완상을 즐기는 낭만주의자가 아니라 삶의 본질을 꿰뚫어 보려는 진지한 모습의 철학자가 된다는 것이다. 따라서 그의 수필은 전혀 교시적인 분위기를 주지 않으면서도 결과적으로 교시라는 문학적 기능을 손색없이 수행한다고 하겠다.

조경숙 수필집
낭만, 너는 자유다

초판 인쇄 2024년 03월 25일
초판 발행 2024년 03월 26일

지은이 : 조경숙
펴낸이 : 정숙이
펴낸곳 : 도서출판 에세이문예

주소 : 부산광역시 연제구 온천천공원길 4,
       101동 1802호(거제1동, 벽산e메타폴리스)
전화 051)557-5085
이메일 essaylit@daum.net
출판등록 제332-2019-000008호

값 15,000원

ISBN 979-11-978480-7-0

※ 저자와의 협의에 의하여 인지를 생략합니다.
  잘못 만들어진 책은 바꾸어 드립니다.